晚清名報人汪康年回憶錄

汪康年——原著
蔡登山——主編

《汪穰卿筆記選》

【導讀】晚清名報人汪康年和《汪穰卿筆記選》

蔡登山

汪康年（一八六〇～一九一一）字穰卿，浙江錢塘人。他是倡導維新改革的社會活動家，是研究晚清思想文化史不能避開的人物。同時，他又是一位傑出的報人。

早年瞿鴻禨當浙江學使來杭州時，汪康年應歲試，得瞿學使賞識得列第一名，因此汪康年一直視瞿鴻禨為恩遇之師。光緒二十年（一八九四）他考取進士補應殿試，列三甲第六十一名，時當甲午戰後，變法圖強的論調高唱入雲，汪康年倒是有心人，並不以講維新為獵官的捷徑，反而絕意進取。一八九六年清政府下令封禁強學會，汪康年利用所餘款項與黃遵憲等人在上海辦了一張旬刊，名為《時務報》，聘「筆鋒常帶感情」的梁啟超為主筆，作為維新派的言論機關報。為了辦報，他毅然放棄仕途，這和同時代的有些報人成名之後走仕途有很大的差異，所以他是以民間身分進入報業的。他一生創辦過六種報刊，即《時務報》、《時務日報》、《昌言報》、《中外日報》、《京報》、《芻言報》，在短暫的五十一年生命裡，有整整十六個年頭，是在報館中度過的。

及至戊戌變法之初，光緒降詔，將《時務報》改為官報，並命康有為前往督辦。其時汪康年已別創《時務日報》，從《時務報》的旬刊改成日報，也可以看出，他對報紙溝通信息、傳播新聞的重視。為了避免與官報的名稱雷同，他又將其改名《中外日報》，記載中外大事，評論時政得失，成為一份內容豐富、講求新聞時效性的報紙。

光緒三十三年（一九〇七）二月十五日則創立《京報》，他的入京辦報，與其座師瞿鴻禨可能有密切關係。瞿鴻禨於光緒二十六年（一九〇〇）入值軍機，瞿氏以才敏受知，且有清望，素為慈禧所倚重。時奕劻以貪庸為人所詬病，亦同值軍機，二人積不相能，遇事每有爭論。汪康年既是瞿鴻禨的弟子，故對奕劻博擊最力，以為害馬不去，則良政無由建立，終以揭發「楊翠喜案」，得罪奕劻一黨。後來《京報》又刊載〈慶親王七十生辰特別賜壽記〉文中痛斥奕劻「問之當世，實無可紀之功，筆諸史編，更無可書之績」，值國家危亡之時大辦壽慶而不覺「不自安」，但「固己位則易，箝人口則難」，這一舉動應受輿論指責。他因此得罪權貴，於是報館僅成立五個月，即被封禁。但汪康年則一再強調報紙有監督政府、監督社會的責任，也顯示出其對報刊的獨立批評角色開始有了更自覺的認識。

汪康年對報紙始終不離不棄，直到生命的最後時刻。一九一〇年十一月二日，他創辦的最後一份報紙《芻言報》，五天一期，每月六期，他雖身患疾病仍承擔了報館的所有工作，每期八頁的稿件，幾乎全由汪康年一人撰寫、編輯和校對。有朋友勸他不要那麼辛苦，他竟然說他把報紙當作醫治疾病的藥，足以看出他對報館用情、用力之深。他患上嚴重的肺癆，「咳喘不已，悲嗆而逝」，直到在他去世前十七天《芻言報》才不得已停刊。

在時人眼中，他最典型的形象，是一個職業的批評家，目光犀利，公正不阿，從權貴到民間人士，一律抨擊不誤；具有獨立見解，從不人云亦云……因此有後世史家評論道：汪先生的一生，是中國百年言論史的一個縮影……先生彷彿是為報而生，又殉報而亡……在他死後，其弟汪詒年這樣寫道：「……百年後人若知先生所值之時事如何，所處之環境如何，則于先生何以有此懷抱，何以發此言論，可洞如觀火矣。」

《汪穰卿筆記選》是汪康年的筆札彙編，由其弟汪詒年掇拾叢殘，重新編訂，並加按語註釋而成。汪詒年說其兄汪康年治報之暇，輒網羅百家雜記、舊聞新義，一一筆之於書。「朝有所聞，夕即記諸小冊。上自朝政國故，下至閭巷瑣聞，無不備載。身後掇拾遺編，尚得數巨冊，欲考之清末之政治及其社會之情狀者，此殆其淵藪矣。」於是汪詒年將汪康年最後歲月中所記的兩冊筆記整理出來，名為《汪穰卿筆記》。全書共分八卷，其中屬於長篇記述事件始末者，列為卷一，各有小標題。而卷二至卷六則為雜記，仍以國內事實列前，域外見聞次之，諷諭諧談等又次之。而原來卷七是雅言錄與其他各卷，並不相關。而卷八為附錄，是當時發表在《芻言報》的文章，並非汪康年手筆。因此原書卷七、卷八，在本書並不收錄，特改名為《汪穰卿筆記選》。

因汪康年是晚清名報人，他結交朝廷要員甚多，許多消息的來源有他一手的管道。例如，在《汪穰卿筆記》中曾經提及蔣式瑆參奏慶親王之事，大意是：奕劻在滙豐銀行的存款有一百二十萬兩，「朝野莫不了然」，也就是說，關於奕劻的巨額存款並不僅僅是蔣式瑆掌握的獨家新聞，很多人都知道。但是，朝廷派清銳、鹿傳麟等人去查帳時恰值星期日，銀行不開門；第二天又去，銀行以「替客戶保密」為由不讓他們看帳本，只是口頭上回答「並無此款」，他們就據此對參奏案做出判決。連帳本都沒看到，調查便草草結束，汪康年抨擊這叫什麼核查？這樣的核查怎麼可能查出問題的真相？而傳說查案之時，奕劻果然恐懼，暗中託人註銷存款記錄，事後蔣式瑆和銀行的人瓜分了奕劻的六十萬兩，每人各得三十萬兩，蔣式瑆以一部分投資於京師電燈公司，被舉為總理，生活殊為愜意。這件事當時傳遍北京，也傳入宮中，被慈禧太后聽到，只說：「奕劻老而貪，活該被人吃去！」筆記小說，言之鑿鑿，但其實是不可信的。因奕劻本用假名開戶頭，他根本不需去註銷存款。汪康年在《汪穰卿筆記》就說：「此更奇，蔣未必與行中人撚，且行中人安敢以此未必然之事，而輕與人商。總之，以如是著名之銀行，經理之人固必慎選，且稽核尤密；安有此等鉅款任人侵吞之理。然此謠至今猶在人口，因歎吾國興訛造訕之人多，而研究剖白之人少，是非何日得明乎？」他對於謠言是覺得完全不可信，並提出他自己的看法。學者劉鵬超認為按照汪康年的說法，奕劻作為中樞大臣，權傾朝野，滙豐銀行籠絡他都來不及，不會侵吞他的存款；更為重要的是，奕劻在入民國後仍將全部積蓄寄存在滙豐等外國銀行，如果滙豐曾侵吞過他的存款，奕劻是不會再在滙豐存款的。毋庸置疑，這筆存款始終老老實實地躺在滙豐銀行的錢櫃裡，只是奕劻在存款登記冊上隱諱了他自己的名字而已。

諸如此例，身為報人，他不人云亦云，有他獨立的判斷。因此綜觀全書，翔實的記載，質樸的文字，平正的議論，均使得此書成為探求晚清政治、經濟、社會風貌，不可多得的史料。

汪君穰卿家傳

汪君康年字穰卿，一字穀伯，錢塘人。先世富藏書，浙西言藏書者，必數振綺堂汪氏云。父曾本，廣東候補知縣。君童齔向學，文辭粲如。弱年補縣學生。尋遭父喪，益用讀書自淬厲，講授里閭。弟詒年、洛年從之學，造詣日進，聲聞吳越間。光緒十五年，以優貢生中式鄉試。十八年會試中式，格於事，以次補殿試朝考。三十年授內閣中書。君中歲通籍，然澹郤榮利，不事干謁。每痛國勢孱弱，務欲以辛詞苦口牖啟人群。嘗與同歲生梁君啟超創設所謂《時務報》者，倡變法，重民權，策頑警懦，強聒不舍。蓋我國更甲午中日一役，情見勢絀，士大夫漸悟閉關自守之非計，顧靡所操持，卒無以返積重。逮《時務報》出，家喻戶曉，人心為之一振，於是曩者晦盲閉塞之風氣稍稍開矣。值政變難作，梁君亡命日本。君發憤撰《中外日報》，天下以為公言。亡何，服官朝省，復先後刊佈《京報》、《芻言報》，論列時政，侃侃罔所顧憚。枋國者百計恫喝，屹然不為動。由是忌者寖眾，君彌自憙也。君治學篤摯，必貫徹乃已。治報之暇，輒網羅百家雜記、舊聞新義，一一筆之於書。詒年掇拾叢殘，撰次為《汪穰卿筆記》，都若干卷。其所為文章，則裒集之曰《汪穰卿遺著》。君以宣統三年九月十三日卒於京邸，春秋五十有二，無子，詒年以第四子德蔚後之。德蔚殤，乃以懋熙為嗣孫。

徐珂曰：予與君生同里，同舉於鄉，又同官內閣，顧不常見。蓋君之到官，予已引退，惟滬居過從數載而已。君和靖簡易，不屑屑自標揭。居恒感傷國事，疾首蹙額，常若負重憂於其身。抱負閎而遘會蹇，曾不得展布十一，廑乃託於文字，憔悴憂傷以終老，此誠不能不為用人者致惜已。自君之歿，世變滋亟，兵革並起，黎庶亡所託命。君脫不死，其悲憤感激又當何如。然則君之一瞑不視者，在國為失人才，而於君則猶非不幸也。

同縣徐珂仲可撰

編者序

先兄穰卿生長廣東，弱冠後遊歷大江南北各省，又嘗出關至宣化，而以居北京及武昌為最久。素性好客，每至一地，咸與其賢士大夫相往還酬酢，聞見至為淵博。又勤於紀述，朝有所聞，夕即記諸小冊。上自朝政國故，下至閭巷瑣聞，無不備載。身後掇拾遺編，尚得數巨冊，欲考之清末之政治及其社會之情狀者，此殆其淵藪矣。

茲特將最後數年所記之二冊先行排印。其中大半已見《芻言報》，小半則為《芻言報》所未刊，並略加詮次。以篇幅較長者為紀事，列卷一。其餘則為雜記，列卷二至卷六；仍以國內事實列前，域外見聞次之，諷諭諧談等又次之。卷七為雅言錄，記載新舊書籍之存佚並源流，兼及書面碑版等。蓋先兄於此等事特有偏嗜，故別為一卷，不與諸卷相參雜也。卷八為附錄，雖出他人手筆，然先兄既為刊諸《芻言報》中，知尚有傳播之價值，故特列諸編末，亦過而存之之意云爾。

尚有三巨冊，容續行校印，作為二集。

丙寅五月，弟詒年謹識

目次

卷一　紀事

蘇杭甬路始末略記

此路為許英五路之一。其原因極大（其故實難明言，去年始知其實），僅視為盛侍郎[1]曾與立草約，或視為平常要求而以為可廢，此實吾輩之大誤。

當余居上海時，即聞盛與蘇杭甬路約事，後報章又載合肥相國許英人承辦津鎮、浦信、滬寧、蘇杭甬、九廣五路事。雖其原由外間未盡知，而其有國際之關係，則大概皆知之。

顧自訂草約後，綿歷至久。壬寅、癸卯間（光緒二十八九年），有浙商李厚祐，擬自辦杭州城外湖墅至江干一段，而與銀公司將來所造之蘇杭甬路首尾銜接。盛侍郎回言不能。惟此時即聞盛之意，若全路自辦，當可辦到，不能截辦一段也。

乙巳（光緒三十一年）春夏，湯蟄仙[2]、張菊生[3]二君在申，因美人倍次欲辦全浙鐵路，浙紳爭之力，遂駁不許。於是與同鄉諸公提議，浙江鐵路歸浙人自辦。時余在京，以為蘇杭甬一路，糾葛不清，安能謂之全浙路自辦。時盛適至京，乃往商之，亦以為可。四月間，浙京官有大聚會，即

1 盛宣懷，字杏蓀，曾為郵傳部侍郎、尚書，加太子少保（故後文稱盛宮保）。
2 湯壽潛別號。
3 張元濟，字菊生。

宣言此事。已而盛對余言，彼為與銀公司合辦路事之人，則路約可廢一節，萬不能由彼說出。余恐事有翻覆，乃覆函致盛，得其覆書以呈同鄉，並持至上海示諸君為徵。其信今尚存公司。然盛語甚圓，惟言可自辦而絕不提廢約事。

按：盛亦非有意相欺，大約謂一面自辦，一面再設法與英人交涉，或可得當。而後來事變則非彼所料也。余彼時意，一面只自辦路，而外交事委重於盛。彼既有前說，必不能中途恝置。然不料後來之風雲如此怪異也。

彼時忽有一怪事，則杭人孫某忽集眾開會，宣告廢約，並電致各報。於是言廢約者風起雲湧，若山西之於福公司，若安徽之於銅官山，直東江皖之於津浦，江蘇之於滬寧，莫不集會並演說，大放厥辭。幾於無報不載，無一日之報不載。一若伊等之筆舌，可作炮火用也者。

按：此真大怪。夫經營此事者，我輩也。事既成矣，須伊等作此何為。然伊等此舉若無關係，猶之可也，不知此事竟驚動外人，聞其時英領事謂人曰：「中國人忽然如此凶法，不但要廢已立之約，且欲並已開辦之路而廢之，此何說也。」

惟時余亦知朕兆之不佳，謂某君云：「蘇杭甬路之自辦，試為之耳。而伊等如此囂張，恐大為害，奈何？」某唯唯。余一人無如何，惟函致各省人之相識者，屬其設法鎮定之，然亦徒廢筆墨而已。

尤為失誤者，則京官同鄉竟遞呈商部，請廢約，而朝廷亦遂下廷寄於盛，令廢約。殊不知此事需委婉，而不能用強力以責成盛。蓋責成盛而英不與盛商，則奈何。惟時盛在京謂人曰：「此事本來尚有法可想，自有此廷寄，而幾微之希冀斷矣。」同時李伯行在申對余則云：「有此廷寄大佳，如此則我處反放鬆，可以卸責矣。」李與盛二語雖相反，然其意一也。

是年九月，余北上。在津探詢項城之意，知甚以為難。至京，聞外務部亦然。凡外務部偶然涉及廢約一事，英使即曰：「此事我不知可否，請以公文來，吾當電聞吾國政府。」外部知其意不善，即無敢復言。唐少川[1]至外部，說亦略同。然伊亦不肯言約不能廢，但說英既未來催辦，浙人盡做無妨。

其時有一事略覺可慰者，則盛奏中言，已限怡和[2]六個月不開工即作廢之說也。然奏中未言怡和覆書如何。屢函詢之上海，不得覆。二月杪，菊生來京。余以此叩之。菊生曰：「曾以問盛。盛謂，怡和覆書，謂耽誤之咎由於拳匪。伊不任責。」余曰：「然則此事成泡影矣。」菊生曰：「盛謂伊必仍盡心此事，且尚有別法。至用何法，當時言之，今已不憶。」是時屢有言用別法與之商

[1] 唐紹儀，字少川。
[2] 怡和洋行。

者，或購彼料，或請彼工程師，然無有敢向公司言者。

丙午（光緒三十二年）夏間，又有一佳耗。則有人（即訂九廣路約來京之龔君）謂，舟中偶詢濮蘭德君，曰：「九廣事定將如何？」云：「即定蘇杭甬正約。」龔曰：「浙已自辦，如何？」濮曰：「此係據前約應辦之事，不能管他。」龔曰：「貴國何必與浙人爭此路？」濮曰：「此卻有一法，因此路非吾國人注意，非若九廣也。然不能憑空廢約，須以金贖回。」龔曰：「須若干？」濮曰：「二三百萬。」此事余亦函上海，然未有理會及此者。而蟄仙尤以力拒外人為能事。英領與濮見浙撫張公[1]，而蟄仙屬張公勿見（後以外部電始見）。濮兩拜蟄仙亦不見，並不答拜。於是補救之法，一無可施。

是年五月間，某君又至京。余問：「廢約事萬無辦理，而浙人以為必能，將來必大轟鬧，如何？」某曰：「此復何策，惟有聽其所之而已。待大炮轟時，必有辦法。」余聞其言，嘿然而已。此時浙人以廢約為必然之事，或為已然之事，而不知其影響全無也。

余自乙巳北行後，留心此事。凡外人之情形，政府之意見，以及補救之法，偶有所得即函告某君，以達於蟄仙及公司中人。其不徑達蟄仙者，以蟄仙愎，恐更無效也（亦偶有一二告蟄）。不意凡此等語，均未見覆，亦未見有來函商議之處。余自覺沒趣，故自丙午秋後，漸少言及，然猶時報

---

1 張曾敭。

告，直至丁未（光緒三十三年）七月出京時為止（計前後五六十封）。後風潮起，蟄仙總以伯唐[1]不先相商為辭。余謂：「伯唐雖不告，而我則於伯唐未與英使訂約之前，屢函言之矣。」蟄曰：「我不知。」余駭曰：「吾歷函託某君轉達之辭，豈皆未達乎？」蟄曰：「吾皆未聞。」

丁未春，政府召伯唐回國。凡英使來催訂合同，外部即以俟汪使回答之。蓋以浙江之棘手題目應使浙人當之。

已而伯唐到外部任事，接辦此事，時已六月底，甚祕密。余詢之，並不答，惟說甚難。余曰：蟄仙等皆持拒款主意，宜與說好方妥。伯唐良久，但瞠目曰：「如何說法？」

七月二十三日，余以《京報》被停，出京謀復舉。八月初，伯唐使英，此事即日交梁崧生侍郎[2]接辦。蓋伯唐經理此事，始終不過一月，而其合同大與九廣不同，已見所印蘇杭甬路事案中。後來梁辦，竟廢去另訂（此節予己酉入京始知之，亦深怪伯唐之不相告也）。

至八月杪，訂約之事宣布，惟時余適自申至杭。或有問者，余以為伊已知近兩年歷史也，乃曰：「上下因循至此，亦復何策，惟有將合同情節減輕，少受害而已。」不意此語出口，聞者即已大怒，以為余之胡說。

於是杭中謠訛雜起。適有一工頭鄔某病瘧，被業西醫劉某藥誤死，方欲控劉（此事極確，以中

1 汪大燮，字伯唐。
2 梁士詒，字崧生。

外報得第一次新聞尚說是病也）。值路事起，蟄仙即遣人屬其家人改說是殉路，則名美而有利，其家亦欣然從之。

蟄仙遂因此以激動風潮。後之湯工程師以他病死，亦置諸殉路之列。此次風潮之廣博宏大，殆不可思議。於是遂有處汪以鑄鐵像、暗殺、掘墳、扮戲等之事。

最可異者，余至杭之故，蟄仙知之。蓋余將恢復《京報》，蟄仙允助五千。適得京電促往，因赴杭索蟄仙此款，而蟄仙乃暗布謠言，謂余是替伯唐運動而來者。又嚇余曰：「君宜速行，人將暗殺君。」然余以辦報故即行，非為蟄言也。

至數月中之大小設施則已見各報，不必余述。惟時有三數人知不應如此辦者，亦以被懾而止，不敢吐一言。最奇者，人人皆以為怡和已默許限六月不開工即停止之說，而盛絕無一言，亦無他人將實情言之者。此如見勇士誤持中斷之刀，任其挫衄致敗而不一言也。盛至漢口，猶力言怡和已允，直至京，始吐其實。此真千古疑竇。

按：此係盛事，或謂盛後來所出之信為捏造者，則非也。

事勢相逼既甚，乃有命派代表之事，遂公舉四人任之。四代表及書記既至京，外務部悉以關此事之重要文件示之，代表瞠目相視，不復能有語，乃成部借部還之事。其歷史由楊君廷棟宣布，詳述自李、盛、唐三公及汪、梁訂約之事實，惟以不先告同鄉一層為汪罪。

至己酉（宣統元年）春，蟄仙忽有電及信致京中同鄉，旅滬學會亦有電致同鄉京官，大率皆言應逐汪、盛，勿得踞郵部，並言京同鄉官有電致申屬為之，然京官實無此電也。蟄仙又直致政府一電，均載各報。

四月初六，京官出知單，約同鄉會於下斜街全浙老館。余問提議何事，曰：「無他，不過集股催股而已。」殊不知中有祕密布置存焉。故遍召同鄉而獨不告汪。中有紹人田某，蟄仙之特派員也。然伊不認為蟄仙派，但云有事來京，適值此會，故來觀盛舉而已。而是日提線索者，則為翰林朱福詵桂卿，並挈其子至。俟諸大老至，則引田見之，俾先述浙路事。田乃言蟄仙如何勞苦，如何節省，如何任怨，故路非彼辦不可。頃之集眾演說，田又言今非急集新股不可，若蟄仙去，不特新股不可得，即舊股亦思抽回，甚可慮也。語至此截然止，若有人約定續其後者。果然，朱君言吾輩本與汪某無意見，此事亦不能咎汪，惟吾輩為大局計，則應勸汪離郵傳以保路。眾叩其策，則曰：同鄉以函勸之，或面勸之，或遞呈政府（朱有意見書略與此同）。余即起言曰：「按旅滬學會謂汪賣路，湯電則謂與盛揑造要函，是皆非僅僅離任所能蔽辜者，宜請派大員查勘。如確有其事，應與大罰。」眾人聞余說，乃俱謂此決無有，大眾初不疑及此，無庸提也。余乃不言，眾亦未議決而罷。

余勸伯唐奏請解任待勘，伯唐先亦欲辭職，而慶邸不謂然，但言不必理他。余謂盍竟自為之，伯唐云不能，現邸不謂然，即強上折，亦必擱起。

蟄仙致政府電，實為可怪。蓋攻盛、汪不宜在郵部，亦足自成其說。惟此宜堂堂正正言之，乃拋荒正文，而別尋蹊徑，指為袁黨。又謂監國應念鴒原之義。讀全文無非挑撥激怒，誣揑挾制之語，此真非吾輩俗見所能測者。

蟄仙之目的既不達，則無論黨湯者，惡湯者，皆以為彼必力辭路事。而抑知不然，蓋彼於杭開大會之前一日，忽至申堅約某君至杭赴會，並為臨時會長。夫蟄仙果願去，則何必有此布置。某君亦知其意，故答之曰：「吾不能往。以吾若主張留君，則君固曰言勞頓矣。吾安忍以此苦君。若不留君，則欲留君者方譁然，吾惟有謝不往耳。」蟄仙遂嘿然去。

顧開會之先日，已有人遍發傳單，言不得另舉總理。有不附和者，其人即為賣路賊。比開會，甫入座，即有千百人大嘩，言應留湯。董事會眾應之稍遲，即大見斥詬，謂湯總理為吾浙辦事，如此勤苦，而君等不即留，豈尚不以湯為然乎？董事會無稍異言，亦極贊同。於是，是會也，本以定總理為目的，而後竟不復提，以致副總理欲辭職，亦不能言云。

秋間，蟄仙得雲南臬使之命，於是揣測紛紛，有謂彼必應命者；有謂不赴召亦不辦路事者；有謂必始終於路者。蟄仙對人言，亦不一其說。而後來辦法，乃皆出人意料之外。

有一事最奇。孫士頤者於吾宗為疏親，然素習於伯唐，戊申回杭，蟄頗與聯絡，然不過平常待友朋之道待之而已。今年孫又至杭，蟄乃極意相待，宴設優頻。數日，蟄以事赴申，孫亦刻日將去。蟄至申，特電留之，云尚有所言，且俟看潮。至期，蟄果至，日事觴詠。孫意蟄知彼將入都，必屬其釋言於汪，乃絕不及此。無幾，又赴申。孫不日繼至，甫入逆旅，則蟄已來約西餐，孫謂必將有命。而餐燕累日，亦都未及。一日酒半，約同車赴愚園，孫謂彼或擇靜處相語，亦無有。次日，忽約同至南翔。南翔鄉野，無足觀覽，孫謂其有謀野之獲，亦不然，但言明早返杭，再至京相見而已。孫謂無事矣。夜回客店，則又以名刺親至辭行，孫次晨詣車站送之。孫時大悟，曰：「我真愚，湯君之厚我，即暗以和解於汪託我也，豈待明言哉！」孫至京，即往伯唐處，且以湯雅意告伯唐，伯唐頷之。然湯至京，拜孫不拜伯唐。伯唐往拜，亦不見。對人曰：「吾焉敢見如此大官。」孫至此，始知湯前此所為全是空中佈景。賢者不可測，一至如此。

今年効盛一電，則尤失之拙。蓋謂盛誘我浙人於拒款之途，是直自處於被紿之列，則從前之爭皆為錯誤。此實自破藩籬，誠不解蟄仙之拙，一何至此。

以上皆言其對於朝廷、對於大局之未是。至其辦事，以表面言，勝於他處多矣。其刻苦節省決非他人所能及。惟有人言其辦事錯誤之點，亦不妨略舉之以供研究。一勞苦太甚，而實有過分之處。蓋蟄仙性不能任人，無論何事皆欲過目，於是分任之人既無專權，即無責任，而無事不待總理以舉，既勢有不能，即懸事以待，而廷擱多矣。甚至一條子、一信面亦須自寫，每日之報悉須覽閱，徒勞敝精神，而為功蓋寡。一則與商人太不接洽。自去年大會不舉總理以後，而著名商董數人均登廣告辭商董之事。問之，則謂湯君賢勞，吾輩咸所敬重。顧吾輩欲陳之事悉不能自達，與其將來坐誤大事，不如早辭為幸。聞向來董事等見總理欲有陳白，蟄仙既先自大發牢騷以訖其去，人之言必不得出。後有人請其以五分鐘之時間容彼陳說，乃未及二分，而蟄仙已以語相隔斷。而學界中人以極小之股而專執其權，雖蟄仙亦不能自脫，可怪也。一則對於外人不覺隔膜，蟄仙本無外交才，故對於外人惟以抗拒為唯一手段，而一無操縱之術。不見濮蘭德固為錯誤，後來對付洋工程司亦是如此，故動輒齟齬。

總之，蟄仙之於路，究欲始終其事乎？抑欲藉端自脫乎？其對於汪、盛，誠惡而思去之乎？抑以為題目乎？外交之為難，彼誠不知乎？抑故意示異乎？吾輩淺人，實不能測。唯有可斷言者，則蟄仙之識見、才能、經驗，實不能辦此事，且相去甚遠。觀彼於對內對外絕無可法，惟知說蠻話為種種挾制之計，亦足知其無能矣。

至政府對於此事，則尤無可言，並未嘗以大局為意，以事之妥貼與否為意，惟知敷衍。敷衍不成，乃至決裂。於各方面之如何亦極不研究，夫何足云。

最可歎者，則凡官界、學界、商界以及事中事外之人，至今無人肯澈底研究者，惟隨時上下而已。吾國人如此，何以自立。

以上不過言浙路近年之情狀耳。至全國鐵路自辦一事，發起於浙，而踵於各省。今反覆研究之，乃知其為大謬焉。試列其說如下：

一、全國自辦鐵路，非獨中國無此財力，即各國亦不能如此。而勉強為之，耽延時日，轉致糜費，且有各種影響。

一、我國實無辦此事之人才，蟄仙固未足副其任，而已遠勝於各省。各省則惟知攫金錢者甚多，故無一成績可言。

一、分省之誤。不特此宜以路分，不宜以省分，而因此益深分省界之習，且將來必致因分省界而各據其利益，事愈不可為。

一、冒稱商辦之不正。按此事應由國家劃定若干路，若國家不自辦而招商為之，則必以大商家數人主其事，而招股以足之，始可云商辦。若憑空以一二紳士主辦，名曰公舉，實數人主之，其後則漸落於全省有勢力人之手，或為刁紳劣監分頭把持，則為禍更烈。今各省或未至是，然觀此據彼攻之象，則距此亦不遠矣。

以上四條，言前此主持之誤也。而最誤人者，彼將以招股為主，其辭或過激，謂借款辦路即路亡，路亡即國亡。其實，善為之何至此，京漢、京榆固未亡於外人手也。更有打破後壁一語，則設如我不善自為謀，他人只一舉手已為所得，何待造路、開礦之紛紛哉。惟數年以來，我國以自辦鐵路語言過激之故，外人遂指我為排外，不幸而與英交涉最多，於是中英之交遂疏，日本乘機益親英，關係甚巨矣。

記賠款鎊虧之爭執

庚子賠款載於約章者，實庫平銀四萬五千萬兩。然後來由上海道按月付款時，仍須按金價伸算。如金價貴則須另籌款以益之，所謂鎊虧是也。於是江海關道今山東巡撫袁公[1]起而爭之，各督撫亦有電外務部爭之者。且與外人約，於此爭執期內按月應解之款暫存銀行，俟議定再撥付而認其息。後外務部與各國公使再三辯駁，卒不能勝，遂飭上海道如數撥付。然因此波折，既須付數月息錢，又適當金價漸長之時，多付之銀殆數十萬，而各署所付電費尚不在內。一時聞者莫不扼腕，以為約文明白如此，而吾外務部猶不能得之外人，為可恨也。後余入京細訪其事，始知竟無從爭，且轉為外人笑也。蓋初寫正約時，各國咸照其本國幣制書之，如英為若干鎊，俄為若干羅卜之類。合肥相國曰：「此真囉囌。合之吾國之銀究應若干，吾觀之殊不了了，意兩宮亦必不了了。」於是，各公使商量久之，各合成中國銀數，攢湊併合而去其奇零，始合成中國庫平銀四萬萬五千萬兩，告之合肥。又恐吾國之遽以銀數計也，復注曰：即英若干鎊，法若干佛郎等語。合肥遂命書於約後。各使慮吾遂以銀計，見合肥必申言之。合肥必唯唯曰：「然。」各使終不釋然，遂促合肥作一函與領袖公使，聲明賠款載約章者，雖作庫平四萬萬五千萬，然按月付款時，仍須以金價高低為伸縮云

[1] 袁世凱。

云。試問如此鐵版注腳，尚何從爭執？竊怪袁公爭此時，外務部何不竟以此告之？豈袁知之仍欲固爭耶？抑外務部始終未以此告耶？誠令人不解。惟因此一爭，袁又得數月賠款之利息，又得大名，亦幸矣哉。

記美國退款興學始末

近來美國以退還賠款，大得感情於我國。顧其還我賠款也，嘗虛懸以引我，而不遽予也。始則微示其意，而使我就之；既就之矣，則又限我以用此款之途。又久之，則曰：「必用之教育。」至去年則又進一步曰：將設大學於美國，而使我之人往學焉。而由此德遂設大學於青島，而使以我學生往；英亦設大學於香港，而使我以學生往。吾不知此於吾國前途關係何如也。而我朝廷感之，我社會感之，我學界、商界中人且捨近年工約之意見而感之。一似美之此舉，義聲直震天地矣。

抑吾有疑矣！彼其還我賠款也，非謂不取我賠款也，謂彼時誤算多取，今劃其多取之數使我按期得扣還也。夫以理言之，則彼先時不應誤算，今覺其誤而還之我，謂之正直可矣，謂於我有加惠則不可也。吾外部謝其使，吾出使大臣謝其外部足矣，而又派專使焉，而又因是大施隆禮於其艦隊焉。最奇者，當美之艦隊至廈時，吾上海報界公議電致其統將，代表國民謝意，無乃使彼失笑歟。其奇之又奇者，則浙江洋務局員王某，忽擅請於浙撫，亦發電往也。夫各省之事皆統於中央政府，中央政府已派專使往謝，則各省在其中矣，而忽然中間一省自行往謝，不知全球各國中有此規矩否？

以予所聞，美之還美款別有因也。當《辛丑和約》將定時，慶邸以賠款為太巨，或獻策請與美使商之。美使曰：「此事宜再與一二國商妥，俟公晤時，貴王大臣先以此意相請，有二三國應允，則他國不能立異，斯事濟矣。我國與貴國最親睦，當首先應允也。」緣是之故，美國以此事當辦到，暗中特續增其數，以備減削。不意慶邸未以此事告合肥，合肥已以賠款大數電告兩宮，已得允諾，事遂作罷。然美人續增之數則仍算入四萬五千萬兩之內，故有核還賠款之事。

又所謂退還賠款者，非美人以現金若干還之我也，不過使我於每年應還之大數中得減若干耳。吾國近年支持賠款，不足已甚，得減若干，殊未有盈餘之可言（譬如每月應還人百金，而力僅能籌七十金，即使人允我每月少還三金，向之月短三十金者，今不過改為短二十七金耳。雖於羅掘之力少紓，而其為短絀則一也）。而吾國人都若已見為有此金者，或欲得以辦東三省事，或欲得以治陸軍，抑何可笑。轉輾之間，而用此款之權亦卒為人所限制，無絲毫自主權也。

記道勝銀行之存款

光緒二十一年，我假俄、法四萬萬佛郎，為還日本之需，其實皆法之款也。俄於其中劃留庫平銀五百萬兩，為與我合開華俄道勝銀行之用，並立約五條。約文粗略，並不言銀行如何辦法，亦不言俄出資本若干。時我戶部中人有言，應定合辦之法並詳細條文者，翁相國時為戶部尚書，斥之曰：「與外人交接，以少與作緣為是。」遂悉聽之。顧俄人仍歲計其盈絀，而應得盈餘歸之我。彼時戶部劃作何用不可知。辛丑以後，張治秋尚書[1]辦學務，以款無出，奏請撥道勝之息為學務之用。嗣後每年皆由道勝歲計盈而付之外務部，外務部轉交學務處。惟其數多少不常，多時為二十餘萬，少時止十餘萬或數萬。近年乃幾至無有，不知吾國學務將來又恃何款舉辦也。

甲辰、乙巳間（光緒三十及三十一年），忽有俄人已將此款乾沒不認之說，其事竟登諸《順天時報》。而曾君敬詒亦力言之，且謂宜令各華報登載其事。余問諸學務中人，咸曰並無此事。如無此款，則年來何所取辦。余以語曾，曾曰：「彼等烏足知此。學務之需出各省籌濟耳。」余又以詢學務處之會計楊君，楊曰：「實取之道勝，以年年皆與外務部人接洽也。」余又語曾，曾笑曰：「此或道勝補付庚子以前之款耳，若近年必無之。」余又詢楊，楊不能言其詳。後遇外務部饒君，

[1] 張百熙，字埜秋，又字冶秋，湖南長沙人。時任管學大臣。謚文達，後文之「張文達」亦即張百熙。

始知確係道勝每年付盈於外務部，又轉付之學部，而曾君必如是言之，異矣。後乃知中有利其事者，以訛傳訛，而散此謠於外人，而匯豐與正金欲乘此擠道勝，故如此耳。

尤可異者，都中士大夫多謂道勝之五百萬實係虛款，我國並未撥付，俄乃虛記此數，而歲撥所盈畀我，買我之歡耳。噫！彼豈知此款實在俄法款中撥付乎。且我之於俄法款也，按月付息四厘。今道勝則多時不過四五厘，少且無有，俄法款按限歸清，道勝款既無歸期，久且無著。是吾國即此一事所受虧損已不可勝言，而悠悠之口，乃謂之虛款，怪矣。

記股票投機之害

以各種大公司股票之漲落，吸收人財，使人以千百萬倒入其中。此事歐洲人時有之，雖無賭博之名，然實與賭博無異。各國常思禁之而未得策。蓋彼弄機至巧，雖明知其奸慝，竟無法以制之。逮至今年橡皮公司價格之漲落，吾國商人受累數千萬，市面為之震動。茲將逐年所聞略述如下：

前有耶松船廠股票，驟然加價，甚至廠中常用之律師某君亦以為信然。其文案蔡君方以賣空法賣去若干，某大怪責，謂其為此顛倒事。蔡則速更買之。已而得英倫消息，言此項股票已大跌，經理亦無報告書，在上海之華洋商人受愚無算。

公和祥股票者，為上海怡和洋行及其各種產業股份。每股一百兩。時華人所購者稍知商務之人，咸謂苟能得其股過半，則權即入於華人手中，不特租界中重要產業可以收回，且產地多扼要，若建築物業，大可獲利，因勸人廣購。是時，忽有印傳單分送商界者（似出西人手筆），大略謂主此議者，實有意愚人，宜加審察。華人見者，以為必西人忌此事，故為此。後乃查知該洋行原訂之合同內有一條謂，公司中但占一股，其權利仍與前無異（按：此語甚奇，不知確否）。於是華人乃知前此計畫之誤，而存股票者以銀行限期到無款籌還，則跌價售之。各人一聞此信，於是賣者紛紛，遂自每股一百四十兩跌至五六十兩，大商家因此倒者紛紛。

藍格紙者，近數年頗盛行於上海。凡有體面之商人鮮不買藍格紙股票，蓋美國某處煤油公司之股票也。自一百兩漲至四五百兩，至今年（按：指宣統三年）則直至一千四五百兩。傳言煤油礦中忽得金鋼鑽礦，聞者皆動心。五月間忽聞礦漸枯竭，遂跌至一千一百餘兩。

最受害者，莫如今年之各種橡皮公司。公司約七八家，有謂怡和洋行所辦者，有謂某某洋行所辦者，大率皆指上海著名之洋行為旗號，故銷路甚易。至各公司有雖種樹而未出貨者，有僅有曠地並樹木未種者。而售股票時，搖煽之法甚多，有每股十兩，遣人在外揚言股已售罄，遂增至二十餘兩。又如□□人壽保險公司以五兩之股先賣二千股，並須先定。故未出票之時，已逐漸增其價，即令人在外收股。人見股份價加而銷速，謂必大佳，即將股存留不肯售。殊不知公司實遣人乘眾人相信之時，陸續售去八千股，每股賣二十餘兩，已而漸跌至十餘兩。又有公司當賣股時，聲明只賣十二點鐘，果皆信之，爭往購買，未屆時股已罄矣。

此等狂妄舉動，華人亦有漸覺之者，遂亦步武其法。若吳□□、關□□等，其中亦有以己受於人者，復以取償於人。此等心術，在本人藏之甚固，然旁人已如見肺肝矣。據聞華商受橡皮公司之累者殆二三千萬，而欠銀行者二百餘萬。顧其如此牽動者，則以從前業此者，或未結帳而倒，則但其同業而已。果已破產無款，人亦何策能逼其出，極其至不過以命殉之而已。此次則在股份公司結帳以後，洋人為此者已席捲而去，而所欠者各錢莊也。華商受虧損至二三千萬，宜其大現虛耗之象矣。顧華商之力有限，安能購如許股票，則又有人以全力為之，不意已受其禍而害及全市也。

有陳逸卿者，閩人。父居寧波，遂入寧幫。陳任二三處洋行買辦，而正元復有大股份，故在華洋商界皆頗有名。陳見橡皮公司大有起色，遂思以術博取鉅資，則誘正元、元康、謙餘之擋手、跑街人等入股，故有時應付款時，則十萬、二十萬不難一呼而至。銀行見其如此，以為陳某多金也，甚信之。陳誇股份之利，於□□二班之前曰：「如此大利，君何不為之？今吾與君共為之，利害同之，可也。」逾日，走告二班曰：「大幸，此次所為者，結帳可得二萬，當以一萬歸君。」二班大驚，既以陳為殷實商人，且謂其老實必不欺人，故彼挪□□款至數十萬，他人不能也。及股票跌，陳之數最多，陳乃思得最奸詐之法，以遠期票易他人之現銀及即期票；又與某洋行買辦串通，以三十天期票出貨（向皆五天期票），即以所出之票向銀行押款，計兩家約一百數十萬之多。既到手，即逃去。於是正元遂倒，而莊中大股東南潯富人邱某遂大受其累，欠銀行及內行、外行共數百萬。市面虧倒既如此之甚，於是商會創維持市面之說。由上海道向匯豐等銀行借三百五十萬與各錢莊，以維持市面。後匯豐以三錢莊欠彼一百三十餘萬，遂扣起不付。此事人多歸咎於蔡道[1]，謂私家所墊之款，斷無由公家代還之理。

至匯豐扣款之故，據聞因自倒帳後，匯豐忽將某錢莊之莊票退回，計有十萬之譜。其措詞則謂現在莊票一律不收，故只得一例看待云云。然此莊乃寧波方家所開，聞言，乃立籌現款十萬給與匯豐，以保信用。然各錢莊皆怒，謂向來莊票斷無退回之理，乃於六月底歸賠款時相約不解現銀，將市上匯豐錢票搜盡解去，致匯豐亦小受擠軋。匯豐頗以為恨，故扣留一百三十餘萬，實有意為難也。（按：以上但雜據所聞書之，未能首尾考訂翔實，聊備研究可也。）

---

[1] 當時上海道是蔡乃煌。

記銀號倒帳事

去年（按：指宣統二年）以來，源豐潤、厚德、義善源迭次倒閉，市面震恐。然推原其故，則皆經理人恣意揮霍挪移所致。茲姑舉所聞列如下：

源豐潤用事之人為陳子琴，前以欲私為投機生意，而以源豐潤號中多舊人恐有阻礙，乃慫店東嚴子鈞與葉姓別開一錢店，其資本則嚴七而葉三。陳遂恣意挪用，擲之橡皮公司股票幾三四百萬。橡皮股票既大跌，影響遂及源豐潤。虧倒之機，已伏於此。

上海義善源之經手人丁價侯，亦虧空至百萬。此次之虧倒，聞實京號與丁串通為之，故一切皆已預備。尤奇者，京號被封之日，號東李氏竟不之知。蓋去年義善源全仗交通接濟，後李以郵傳部查問，乃即停止。是日，王以他處匯款八千金不能應付請諸李，李仍命王自籌。王固言不能，李怒曰：「汝為經理，何並此區區之款不能籌出。」王遽謂：「如此則惟有請封之一法。」李一時忿激，乃曰：「任汝為之。」顧未知王已有預計也。王走出，即赴警廳請封云。又聞兩號之失敗，別有一原因焉，則兩主人翁官氣太重所致也。源豐潤為甬人嚴小舫氏所開。嚴起家於商，後入官界，沾染官氣甚重。舊時夥友參差不相入，而便辟之徒乘機而入，日相親接，於是各號重要位置多為此輩所據，稍樸厚者悉致疏遠，而生業遂日即空虛。至李氏則以門第之煊赫，直視夥友如奴隸，頤指氣使，無所不至。李偶宿店中，深夜由外歸，須全號人皆出迎，故夥友頗恨之，遂致一敗塗地。

厚德銀號為前江海關道蔡和甫之資本所開。京號早經停歇，惟上海一號猶經營如故。蔡歿後，其第三子見機，即遞呈南洋大臣，言己所應得厚德之一股情願讓於兩兄，不再過問。以後如大發達，或遭失敗，均與己不涉云。時端午帥為南洋大臣，頗嘉其讓產。然聞現在經理人王錫五被順天府拘捕後，且曰：「若果急我，我必設法累及三公子，不能使彼獨逍遙事外也。」此輩存心之奸惡，於此可見一斑云。

近年倒帳之事，最早者為晉益升，其經手人為熊某。先是江西人劉君為寧波某縣知縣，以縣中匯錢糧至省，每苦錢莊之遲兌及減平壓色，因恚曰：「與其受若輩氣，我不如自為之，猶冀得十一之利。」遂出數萬金俾其婿熊設晉益升於上海。偶劉之子江行，遇同舟一人甚相款曲，後乃言將營商業於上海，尚少一來往之錢莊。劉子少閱歷，深信其語，遂作函與熊，屬許其通挪，以五千為限。後其人業敗遁，僅晉益升一處已欠萬餘。熊函劉子，言此由君函屬，責任應歸君。劉子以函屬言五千為限，故五千以外不能認。二人乃大爭，而翁婿感情亦大傷。劉恚曰：「既若是，吾亦不願為此，即停閉可也。」頃之，熊致書於劉，言現查號中放款欠款若干，若停閉，則放款不能收，而欠款則須付。故除資本不能收回外，尚須付銀數萬始可無事。劉大怒。後經人調停，乃使劉以晉益升付熊，不出分文，亦不收分文，以後盈虛與劉無涉。於是熊不費一文，坐得一已有成績之事業，可謂大幸。而晉益升乃為無主人翁銀號，亦足怪矣。熊性無賴，不事其事，專恃狡猾為生活，又時思運動他業以博大利。在申日事博飲，不數年遂失敗。然猶牽及劉姓，劉以早頂與熊為辭。時蔡乃煌為上海道，批稟謂出頂一事，既未存案，又不登報，礙難作準。幸劉為官場中人，尚不致受累云。

以近日人心之險，錢業辦法之架空，故有資本者萬不可輕於嘗試。建德胡二梅君老於上海，見人輒以此為戒。有宦成歸者告胡言在鎮江設錢莊事。胡曰：「此禍水也。破家之慘，在此一舉。」某爽然曰：「今已布置，奈何？」胡曰：「宜速停，損失尚小，然已恐失去數千金。」某以招牌尚未懸，尚未與人往來，何至是。及令停止，經手人來言，果已失耗數千。詰其故，曰：「設肆必於某鬧市，其地適無空屋，吾百計營謀，以數千金與某店使他遷，吾乃租其屋。又肆中不可無妥實之人司帳，今適無其人，吾乃潛約某肆中人出，又費若干。加以修屋招人雜費等，所用巨矣。」某默然，乃服胡君之言云。

章程之善，莫如山西某票號，故二三百年來鮮有敗事。寧紹且不如之。若津幫，若漢幫，若鎮江幫，更自檜以下矣。西幫之制，凡各處號中掌櫃，既極精選，大率自幼即在本家中服役者。派出時，其人舉家費用咸東翁管理，及招回，則其人與其物裝均先至主人家，聽主人檢驗畢方得回家。各號之掌櫃咸三年一調，不使久任，故有弊亦不能甚大。又號中每晚十二下鐘必上鎖，若有一人不歸，必須報告。又來往信札不得及時事及官場人物，其嚴密如此。故雖不能大擴張，然亦不致傾倒。其他章程尚多，惜未能窺全豹云。

記上海信昌珠號被騙鉅款事

上海信昌珠號，為蘇人所開，其擋手則陳姓也。庚子夏間，我駐美使館參贊壽金甫太守回國過上海，以向與信昌往來，故與陳盤桓頗洽。壽因言與上海美國所開益生洋行之總管佛裴克諗，佛裴克將回國，頗願與信昌作一大交易。陳因於西【曆】五月六號，偕壽至益生見佛及其弟二人，亦言及此事。已而，佛及行中華帳房闞子平同至信昌，議定代售珠寶一節，言明如能銷去，照價付銀，如不能銷，原貨交還，所有關稅水腳保險等費，信昌不管，貨價亦不起利；訂定照限，售多之款，均歸該行所得，或付銀，或退還，言明七個月清楚。旋於十八號，該總管派一洋人偕闞帳房至信昌，選取珠十粒、寶石二十二顆，共計價銀二萬七千八百二十九兩。取去後，當日掣回該總管簽名之收單。嗣至七月初，陳至該行詢問，據云外國收貨電已到，俟銷去即可如數付銀。以後月去數次，均據云已交該行總董看過，不合用場，擬轉寄英國銷售。陳告以不必轉寄他處，如美國不能銷去，即寄還可也。該總管云，如不吝惜水腳等費，稍緩時日，必可售脫云云。他日又去，該總管之弟適於是日回國，云遲至回申日，或貨或銀定可了結。不意回申後竟不至信昌，陳於他處查悉，即往催問。據云初返申事繁，稍緩當至。數日寂然，又往催問，云近因行中遷屋，兄又為議和事北上，回申後定可了結。三月十一號，陳又作函去問，無覆信。隨後親自去問，又約次日回信。信上寫明一禮拜內清楚，不意又失約。

二十五號又函催，仍無覆信，又至彼行，則佛之弟亦已動身北上。

迨至四月一號，陳始接伊在煙臺所發之信，約十日之內到申清理。後悉其已至，又往理論，不意惟佛一人回申，又云俟弟回申料理，故延宕至今。陳乃延擔文律師向美領事署控告。旋訊問兩次，據美領事批，該行與總管所立合同，僅有經理權，並無經理總權，所有請由該行賠償之說，作為罷論。擔文律師代為稟控駐京美公使，仍不見理。余亦與陳君諗，陳以是告余。余為計云，宜另請一律師作函與美領事，謂奉斷云云，雖無權能自伸其屈，然吾華商人同抱不平，擬登告白於歐美各大報，詳敘此事。且云凡以後華商與美商往來，須調查行東與總管所訂合同，該總管是否有經理總權，再定交易之辦法。如果登此廣告，則於美之商業必大損害，該領事不能不思轉圜之策。萬一仍置不理，則更函告於美之商會，必不能不理矣。如竟不理，乃依言行事。惟有一最要之語，則告白宜詳，宜多登，宜登大報，切不可惜費。顧後陳覆余曰：「商之同人，咸謂此事損失已大，若再為之，倘有意外，不更受虧乎？」余曰：「此事除登告白須費外，余何受虧之有？」且余以詢友人諳律師事者，亦謂除此更無別法。然陳等卒以畏事惜費，隱忍而罷。此足見吾國商人之無遠識，為可慨也。余按吾國與外人交易，往往有信之過甚太不謹慎者。如明明為此種貿易之洋行，忽與作他種貿易，而又不明立契約，萬一遇奸人，資貨無著，則行東不肯賠償，亦固其所。至收條之簽字，亦大宜審慎，萬一事須涉訟，而問官謂此非行中之據，則訟不得直矣。至信昌事，於理除請賠款外，亦須請治佛裴克誑騙之罪。此領事不能護庇也，而竟不及此，蓋吾國商人僅知追回資本為一大事，殊不知退回資本此有形者也，其益有限也，若嚴懲奸惡之外人，此其益乃絕大絕遠。蓋不加懲創，則此等奸惡之人方謂吾國人但顧資本，不知懲治罪人，則益無忌憚，後此且屢為之矣。又余聞人言，佛裴克以此術誆取人財，自漢口至上海不知凡幾，倘一處由行中代償，則各處援例，行中損失甚大，故美之使領盡力駁斥如此。蓋美人保護本國人權利向來如此，不足怪也。

附：擔文律師代信昌珠號投駐京美欽使上控美商益生總會稟

原告上控各款如左：

一、此案應請復審，所有一千九百一年九月三十號，美總領事古堂諭，並請駁不作數。

二、原告係華商，在上海作珠寶生意。

三、被告係美商總會，在上海開設益生洋行。

四、此次控法，兩造律師，彼此商定，經原告律師於開辯時聲明。

五、一千八百九十九年八月十二號，益生總會與佛裴克簽訂合同，由被告在上海租屋開設益生洋行，租價由總會照付。

六、總會於合同內與佛裴克訂明，作為益生行之總辦及經理人，月給薪水金洋二百元。

七、總會會長曾准佛裴克佈告大眾，謂益生行係該總會所設，由該會主持辦理。該行經費及賃屋所需由總會照付，行中賽貨房所需亦准支銷。

八、凡寄滬轉運至總會或益生行各貨，佛裴克有權代行提收。

九、總會所設益生行，佛裴克既有前項辦理之權，復有伊弟愛裴克幫理。而行中生意亦有伊弟兄會同出面辦理之處。如此會同辦理，係會長及會中所准，美領事亦云有會同之權。

十、一千九百年五月十八號，原告有珠十粒、寶石三十二塊，定價銀二萬七千二百八十七兩，交被告所設之益生行代售。其所議辦法，已於稟中第三、四兩款中敘明。其交珠寶時，以佛裴克為該行總辦及經理人。

十一、前項珠寶交去之後，既不付價，亦未將原貨交還。

十二、查交珠寶時，曾取有收條，書有益生總會所設益生行賽貨房字樣，並由該行經理佛裴克簽字。

十三、查前項珠寶係寄至美國之爵那司南勃行，該行曾入總會。

十四、原告曾在上海美領事處稟控，向被告追償。於一千九百一年七月二十三、二十四等日由美總領事訂訊。

十五、一千九百一年九月三十號，美總領事判斷，以原告所指裴克為被告經理之證據不足，不能准追。

十六、原告以美總領事所斷與律不合，與供不符，前項堂斷應請駁不作數，或請覆訊其所以不服之故。

一、美總領事斷稱，原告必須將佛裴克有經理總權及所作所為，應可責成該總會之據指出一層，該領事實誤會律意。

二、美總領事所斷原告供中，並未將裴克有經理總權證實一層，該領事實未將供詞詳細核明。

三、此稟第六、八、九三款內指出裴克弟兄經理總權之證據，美總領事以為不足，由於美總領事未諳律意。

四、美總領事以被告另有密囑與佛裴克，原告不能向其控追，又以裴克僅有辦賽貨之職，而無經理該行之權各層，均於律未諳。

五、美總領事謂裴克即使係益生經理，亦無收賣珠寶之權一層，於律不合。

六、前項收條，美總領事以為非總會所出一層，與供不符。

七、被告既係總會，凡會中之人所為，即係總會所為。

八、查會中之人曾有與裴克訂立合同，託其經理買賣。今美總領事謂總會並未給予裴克買賣之權一說，與律不合。

九、原告所以敢將珠寶交與裴克，實因被告信託裴克作為經理。今因此受騙，惟有向被告追償。

此稟去後，美欽使覆稱，所有原告律師辯詞暨兩造供詞以及美總領事堂諭，均已詳加覆核，本大臣以為不必復審，前項堂諭自應作數。

記總兵謝寶勝治盜事（附錄來稿）

河南，北倚太行，南亙伏牛，其山脈皆承秦嶺正幹，蜿蜒於黃河兩岸。而豫西山菁叢密，宛洛之交，尤號盜藪。盜之群曰刀匪，其魁稱杆子首，名者以十數，尤以洛陽張黑子、嵩縣王天從、汝洲董萬川、南陽王八老虎最稱慓悍。比年豫中吏治不修，政敝民困，貧者從盜以為生，富者奉盜以苟存。白晝剽劫，擄人勒贖，吏莫敢誰何。而防營將帥中其卓然治盜有聲者，推河北總兵謝寶勝，數殲除群醜，為軍民畏服。

謝寶勝，安徽人，以武生從徵關隴，為左文襄識拔，積功至偏裨，隸宋慶、馬玉崑部下。甲午之役，轉戰遼瀋，屢瀕於危，事平以撤勇事致所部嘩噪，玉崑譴責之。寶勝謂咎不在己，恚怒，盡焚其衣冠及所得獎札，入某寺投身為道士，人咸稱之曰謝老道。既而復出督軍，遂至河南，旋任巡防營分統，駐軍嵩、洛、陝、汝間。前撫林紹年、吳重憙賞其廉勇，先後列保，宣統元年升授河北鎮總兵。寶勝之初至豫也，官不過參將，不十年超擢節鎮，感朝廷恩遇，則益銳厲奮發，以平匪為己任。每深夜率輕騎易服間出，馳數十百里以為常，小竊巨匪輒蹤跡而得之。懷慶為節鎮駐所，城內居民尤有夜不閉戶之象焉。

當是時，匪首張黑子、董萬川、王天從出沒豫西，悍不可制。而張黑子尤桀黠，劣紳奸胥皆其黨羽。寶勝懸重賞購線，一日知其出掠，取道洛陽之殷司溝，乃伏兵溝旁，俟其過，譟而乘之，賊猝為謝軍所逼，相持既久，徒黨皆死。張黑子匿溝中，不得出，官兵四面環攻，身中數十傷，行垂斃矣，坐地罵曰：「狗奴！徒持槍遠擊，老子已至此，有死耳，不趨前生縛，何怯為。」軍士挾長繩短兵爭進，黑子出不意，槍傷一兵，大笑就縛。時元年十一月也。黑子既就殲，而董萬川一股亦為謝軍格斃於汝州產莊地方。二賊平，河洛之民慶安枕焉。然王天從尚在，寶勝銳欲滅之。偵天從道出某處，率兵要於途。天從與其左右二三人遁入廟中，持手槍躍登屋頂，告官軍曰：「汝眾且視吾槍法，搭上第幾鈴吾能去之。」彈發，鈴應聲落。又指一高樹曰：「吾將射其某條某葉。」指揮如意，每發必中。軍眾方瞠目咋舌，天從已偕其黨衝擊而出，眾皆退舍，遂遁去。寶勝慣甚，持槍躍馬追之。天從遙語曰：「老子槍法非不能殺汝者，但汝為朝廷命官，吾不欲妄加害耳。」寶勝方舉槍，忽敵彈自前飛來，止去其冠頂。寶勝不顧，緊追之。俄又一彈擊中馬首，馬倒不能前，而天從遂遁去。

自張、董二匪平，豫西群盜之首以王天從為著，而王八老虎在南陽，為後起之梟桀，與天從並峙，號南王、北王。南陽總兵郭殿邦亦淮軍宿將，然老邁不視事。王八老虎得益肆剽劫，南、汝、淅之民被其荼毒，無所得訴。宣統二年冬，以郭殿邦調河北，移寶勝鎮南陽。王八老虎聞謝軍至，知為己也，召黨集議，欲遂與官軍決勝負。部署定，下戰書，約以本年正月初八日決戰於某所。寶勝覆書如約。值大雪，潛以正月初三日率師搗其巢。賊不意官軍先至，倉猝無備，持槍據庭中，官軍入屋者七八人，皆死。寶勝短衣持械，奮自進搏，甫入門，其營官自以身蔽之，且掣寶勝使退，曰：「此非大人所宜親入。」言未已，而營官已中彈仆。部屬睹狀，爭入門相攻。王八老虎退入屋，就窗格中發槍，互攻良久，卒擒之。是役也，雖平巨憝，軍士死傷亦數十人。豫中刀匪之凶狡如此。

初，謝寶勝在河北，王天從雖悍，猶斂跡。比寶勝去而郭殿邦來，天從無所顧忌，其勢復振，立寨於嵩縣山中，黨羽布全邑。其妻乃上海女學生，天從假名候補道，持印札赴滬辦軍火誘娶之。至河南，女始知其為盜也。然女有智謀，勸勿顯與官吏為難，設學塾山中，聘汴中師範生教之。天從且立公堂，三、八放告，集聽訟獄，附山之民聽其指令勿敢違。或有逋官糧勿納者，天從出示戒之，則立輸於官。嵩縣令在其掌握，惴惴惟以結歡為事，幸旦夕之安而已。天從視嵩邑民，煦嫗燠咻之，但取償於鄰邑，擇村戶之稍有資蓄者，持片紙假名貸借，索數千金。不如期送者，攻毀其村，或擄人責贖，及期不償則殺之。環嵩邑如汝州、伊陽、魯山、宣陽、永寧諸州縣被其害尤烈。永寧有小村，苦其勒借，悉索以供之者數矣，而意猶無厭。不得已，集眾禦之，卒為匪所敗，全村蕩為灰燼。聞此乃本年夏間事。嗚呼，慘矣！近政府調馬金敘鎮南陽，以謝寶勝回河北本任，意蓋為此也。然天從威行嵩縣，志不在小，所據地又絕險，而山徑四達，蹙之急，懼成流寇。此其道在以術誘智取。馬金敘於時將中亦稱賢者，豫人今所期望者，在謝、馬二將，且欲藉此舉行守望，為官民合力之計。金敘方成行，未知比於寶勝又如何也。

令公曰：余讀憲報載盜俠王天從事，以詢吾友張卓君。張君籍懷慶，慷慨善說論，備言謝寶勝治盜事。其於張黑子及二王之又役，口講指畫，勃勃有生氣，惜余筆鈍，不能盡舉其狀也。君為余言寶勝年五十餘，樸野如村愚。其偵盜嘗詭服作賣刀匠，刀有鉤距者必匿所用。又或為賣漿者，行沽於山鄉村野之間，因以往來匪巢識其行事。及率眾往捕，則身自前驅，部曲有勞，不吝重賞，故士皆為用。余以證三月間豫撫奏請賞謝寶勝銀兩一片，所謂輕財仇賊者信然。嗟乎！干城之將冒白刃以薙群醜，故地方之所倚以為安也。然一盜去而一盜復生，甲仆則乙植，顧此者失彼，東馳西擊，雖有名將，勞且疲矣。故論除暴安良之長策，要非整飭吏治不為功。雖然，抑豈敢過望於今日彼中之大吏也哉。

右記總兵謝寶勝治盜一首，為馮令之同年（巽占）錄其所聞以示余，以言彼中被盜情形特詳，故列入報中。雖然，若此者豈特河南一省已哉。尤可異者，河南迫近畿輔，近且交通便利，聲息相聞，然盜風若何，都中士大夫多不能詳言之，而治盜恃何人，民所依恃何人，尤不能舉其名。從前但恃奏報，近則又有日報，然日報即不能得其詳，且以閱報者之不能舉正也，益肆意害之，甚或揑造於其所不滿者且誣衊之，而真情形真是非益莫能得。噫！人心痲木如此，何望其他。

卷二　雜記

同治間送學生於美，前十餘年送學生於日本，又及歐美各國，是皆各國常有之事。顧水積則波瀾生，留東留西，形跡互異，學生既各生意見，各國亦從而生心。於是美以退還之賠款而要求我國送學生至其國。於是留學生一事乃成為國際之事。前年德欲設大學於青島，以教授我國子弟，要求開辦費及歲貼費若干於我學部。時孫慕帥[1]返國未久，為之函請於張文達。文達大喜，三日即覆函許之，且所許過所求。於是英將設大學於香港，近且聞將設於成都；美人又欲設學堂於漢口；俄則本有俄文學堂於京師。是其於將來影響不知何如，然目前則已擾擾矣。

吾人見外人有責言於我，或有要求於我，概目為交涉，不知其中區別甚多。彼政府之視此，亦輕重懸絕，有為其國家要求之事，有代其商人等要求之事，有其領事商會等自行辦理之事。凡國家要求之事，必謀定後動，有目的有根據，最不易對付也。至為商人要求，則為彼使臣職分所應為，爭之而得，固為彼所喜，爭之而不得，亦付之無可如何。至如各處領事、商董營謀例外之權利，如租界之界外起屋、收界外民居之捐等。凡越條約許可權、或非條約所有之事，大率不先關白政府，或政府故作為不知。倘居然為之而成，則勢力頓進，政府即行承認。萬一被駁斥，則即作罷論，政府不受其咎。此例甚多，惜未能一一舉之。

---

1 孫寶琦，字慕韓。

鹿文端公[1]薨，都城諸報對之甚為淡漠，至有謂其一生隨人短長，無事可記者，尚不如上海《神州日報》為公傳，稍存公論也。按光緒以來，大臣如鹿文端者，實不能謂之碌碌。余自弱冠以來，即聞公名，自州縣以至封疆，咸以勤能廉潔著稱。且公雖峻豐裁，而無人詆之者，則其生平無瑕可指，概可知矣。又公生平卓然可記之事有二大端焉。其一，則在四川總督任時，創處置瞻對之議也。此事自今日觀之，可謂瞻言百里，惜乎為人所阻也。其一，則任戶部尚書時，宮中將興某項工程，公獨慨然以國用不足，不能供給為對。孝欽皇太后亦嘉其誠篤，乃發內帑修之。此事蓋人所難能者。即如公在兩江劾治海州分司徐某，及查辦綏遠城將軍貽穀案，他人必以顧忌之多敷衍了事，公獨毅然孤行己意，得不謂之賢者乎。至其晚年，以衰老之故，於國事無所裨益，此自當別論，然亦未常有所累也。某於公之事不能詳悉本末，顧竊為公不平，特書其犖犖大者於此。若語其詳，則請俟諸他日。

路透電報今風行各國，自都城及大城鎮無不達到，其訪員亦遍全球。路透為德國人，其初經營此事甚苦，後遂成全世界不可少之物。且與各國訂立合同，自此局外他人不得遍傳世界事於各國。後德皇因此給予封爵。總局本設於柏林，後賣與英人，遂轉設於倫敦，通世界國都。惟我國京城所售最少，每日只銷售九份，而為中國人所買者惟一份，即外務部是也（聞此尚是伍公廷芳為侍郎時力爭得之，署中尚不謂然也）。而所費月需三百餘金，擬於己酉西五月初一停止。其訪員科達君遍

[1] 鹿傳霖。

發傳單於貴遊，謂以堂堂中國之都城，而路透乃不至，實為非宜，請多為購閱，以免中止。人無應者。又擬譯華文出售，然如此則次日必見各華文報，亦未必能多銷。吾國人不願討究外事，一至於此，可歎也。（按：路透電現仍發至北京，惟開銷略減耳。又於各處訪員多所裁減，或曰生業已遜於昔，蓋以現又有德國電報等起與之爭也。）

奉天之千山，地勢蟠曲，山中嘗新一廟，而艱於運磚。時衛汝貴統兵在彼，衛亦與聞修廟事，乃令部下兵自山口及廟前，依路徑曲折排列。山口第一人先取一磚，遞與第二人，以次傳入，無擔運之苦，而磚已大集，廟賴以成。

乙未，馬關約成後，忽有妄人范某於千山中摩崖刻石云：「倭夷犯順，朝廷赫然震怒，命將出師。」云云。然日人見之，殊不為怪，有至千山攝影者，並此摩崖攝之，其被揶揄甚矣。

甲午，吳大澂督師，嘗懸免死牌。日人大怒，多欲得而甘心。惟岸田吟香君請於當道云：「吳某徒為大言，政事兵略均非所長，惟小學及篆法乃為絕學。請飭令萬一擒獲，勿傷其軀命，俾至吾國傳清國絕學。」噫！大將也，而外人以此見待，尚何說之云。

大刀王五，近之俠者。有故人子，王盡心教養之，長則為捐一官，分發某省。顧子乃無人理，到省後絕不與王一信，資用乏絕，則連書告貸。王之友謂王曰：「君亦可已矣，彼無人心至此，何足與言？」王曰：「君言大誤。凡待彼之周至，此我事也，我惟知盡我之心而已。至知恩與否，為彼之事，我不必問也。」噫！此等語即聖賢何以加茲。

壬寅、癸卯間，日本饑，乃商諸中國政府，請准華商運米出口，願並免彼處進口稅。於是華商人人爭先運米往。而採辦時米價大昂，以運往之必獲大利也，乃競增價購之。逮至日本，則米已大集，米價大跌，華商售之則大折閱，不售則難運回，乃貶價售之，所失無算。

日俄戰後，吾國因與日本商量收回電線之交涉，使向在電局之丹國人往料理之。丹國人曰：「今日吾始知中國辦外交果異於他國。吾初以為此事易耳，逮至東，見日本官，則波第一著即不理我所言，必俟我能就彼，始稍降意。吾在西國，未見有如是者。」

辛丑訂商約，或謂寧波某鉅賈曰：「今將與各國訂商約，此其始也。君輩有欲言者，盍言之。」商曰：「吾輩所甚望者，減厘稅耳。」曰：「此要求於上之言也。今乃對於外，此非其倫。」商曰：「然則興工藝抵制外人亦要矣。」曰：「此亦非約中之事，宜更思之。」商曰：「開鐵路，捷交通，於商人便也。」曰：「此宜更謀之，而非今日求聞於君者。」久之竟不得要領，吾國商人之智識止如是，哀哉。

以己國消息輸於外人，從前未有發之者，近乃糾懲一二。意從前吾國之事，壞於此輩者不知凡幾，真狗彘不若矣。偶聞人言一二事，雖未知確否，主其事者亦足為鑒也。相傳從前有密約適在某樞相手中，樞相性縝密，置靴掖中，不外露。某習於其家，則賂相之孫，乘相睡時竊取捷抄去，得巨金。又前年梓宮奉移時，某署人均出，惟留二三供事，則有以重賂入，發其機要之櫃鎖，鈔取密要文件以去。為之者固不勝誅，然藏之者亦尚嫌疏漏。

貪人敗類，適以自覆，悕矣。尤可慼者，從前某使在歐洲，經手購二船，乾沒無算。顧不敢以歸，存某銀行，與行主合照一像，約將來取金時，對坐若照像中始可。後未及再至歐洲而沒，其子謀取之，竟不得。又前時某邸被言官劾其存銀某銀行，朝廷派大員至行，勘知無有，言官得懲譴。聞此款竟非復舊主所有。又某鐵路訂合同，受損最甚，聞某督所攫可數百萬，以三百萬存某銀行。某督死，其家索之，某銀行託故竟盡沒之。再三言，始得十二萬。噫！狼吞於前，而揖盗於後，亦何為哉（末條未盡確）。

各處習慣所行用之法，有大悖於理者。從前無外人交通，尚無害也，近則流弊不勝言矣。余聞鎮江之俗，凡賣屋者，前後臨街，輒至街心為止，臨小河者，輒至河心為止。本極可怪，然仍為官街官河，非能私有也。教士知之，則輒於街南買一屋，既界於街心矣；又於街北買一屋，亦如是，則全街為彼所有，便行諸阻礙事。於河亦然，鎮人甚以為憂。各處有似此者，宜早杜絕也。

前數年有議行匯豐鈔票於杭，諸錢莊皆不謂然，遂不成。後來凡本國諸銀行，亦不能行於杭。近惟行興業之票。前之一說，得少銷外國之鈔票；由後之說，則中國不規則之票亦稍減銷路，或可減將來恐慌之禍。彼等或非計此，然亦甚幸有此也。

穆香甫者，回人，居津，以富著，聞彼先世本以操奇計贏為業。嘗有豆船被水，泊岸求售。香甫之父偶過其地，上船審視，即以廉價購之。歸述其事，其父兄已先得信，即掌其頰云：「購此被水之豆，將傾家矣。」香甫之父亟白曰：「速密之，余察豆之被水者僅外層耳。船中之貨均乾燥，可久囤也。」於是父兄乃轉憂為喜。是年豆適匱乏，遂大獲利，至香甫，業益隆。某歲偶以失利致大折閱，其所與往來之票號錢莊等素重香甫為人，因群謂之曰：「今歲之事殆天運，非人事。吾輩相與久，所應還之帳留待明年可也。」香甫毅然曰：「此非吾穆氏之道也。吾惟知欠人金必如約償之。不得，則傾家以濟，雖貧無悔也。」遽簿其物業，售以付債主，已遂為貧人。

余壬辰同年渠楚南外部之尊人，富甲一省，或謂其可千萬，世人咸誚其慳吝非人理。然查玉階同年則謂彼之行誼，有人所不及者。當庚子時，先生知拳亂起，謂諸夥友曰：「今年商業大不可知，或盡折閱未可知也。吾義不能負人，乃約計其數可一二百萬，則以現金置之一處，以備償人之用。」此等強毅之氣，有足為世諷者。

上海各藥房之藥，自燕窩、糖精以狡術獲利，於是牛髓粉、牛骨粉、亞支奶及各種戒煙藥水相繼而起。此等伎倆及其物之價值，上海人人皆知之，內地人不知也。有黃某者，乃創為□□補腦汁（西人呼黃之音近□□，故用以為號），遍登各報告白，蓋其資本惟此而已，事頗獲利。忽有一西人自稱為小□□，請某狀師訟之官，謂黃某竊得吾父方，私行發賣，請追究，並罰令賠償。黃懼，乃由訟師調停，令黃出若干金與之始已。蓋□□本無其人，此西人欺黃必不敢聲辯，辯則失大利，且受偽捏之罪，故冒為之而無畏也。

北人有馬如飛者，以力著，遊上海，無與敵者。泰西之力人與校，甫交手即仆。英人不服，乃選香港捕房中最有力之人往。馬曰：「中西異術，防衛滋難，今惟各以右手食指相鉤，被鉤直者為負。」方鉤時，西人即大呼痛，遂罷。西人告人曰：「馬君力實大，指甫動，余指即如斬。」後馬卒以太強梁，被馬夫數十人於茶店中圍而擊斃之。

癸巳，直隸某州之子牛大、牛二同入北闈，咸有傳遞，不意牛大所倩者誤入牛二處。中後，牛二所倩往索謝，則曰：「文非汝作，何汝謝。」牛大所倩往索謝，則曰：「我本不倩汝，何索謝於我。」所倩者洶洶欲控之，經某為斷，原許三千，折與六百。

蜀某書院山長用二僕，每喚之，則今日惟甲應，明日又惟乙應。問之，曰：「吾儕輪值耳。」工值月千二百文，僅給以六百。問故，曰：「我亦但與半耳。」又嘗失一碗，命二僕各償一碗。怪其多，曰：「汝二人中必有一人竊此碗者，若只賠半，豈非少賠一半，故必須全償。」

蜀某山長見一卷用「車攻馬同」，曰：「此字大疑難不可解。」又某為主考，評「山高乘馬」四字曰：「平地豈乘牛乎。」又湘某山長，見一文中有「鵲雀」二字，評曰：「雀鵲豈是二字？」又評一文曰：「鴛鴦不見五經。」聞者大噱，用以為對。

道光間，粵有解餉委員，大抵丞尉類也。過揚州，忽大雨，見山上一人來，沾濡遍體，欲附船行，云對渡即至矣。船戶不可。官見其詞切，乃許之。轉至對岸，便給舟資，登岸去。比至揚州，則舟中三萬餘金餉銀均失去矣。官大驚，責船戶，欲送之官。船戶因辨非是。忽茶店一少年笑曰：「此事豈船戶辦？」急問：「然則何人？」少年曰：「汝輩中途有所遇否？」船戶急曰：「吾固言附船者不可信，而官固欲聽之，必此故也。」官至此亦悔之，因言狀。少年曰：「殆即此。」官問：「能為我求否？」少年曰：「不能。」問其所居，少年良久始告曰：「從彼上岸處即登一山，凡南行幾里，東行幾里，即有小屋，門懸一燈，汝可夜往。至五更，即有一人出，向西行，汝可伏東，候其返，速跪求之，或彼哀汝，能返汝。彼若問何人，慎勿言也。」官如其言，至五更，果有一人持雞而出，西行若有所禱，且殺雞瀝其血。官遽跪其前，此人笑曰：「汝來，得無為所失銀耶？」曰：「然。吾生（身）家性命均在此矣。願哀我。」曰：「已還汝矣，盍歸視之。然何人告汝？」官怖，因言其狀。官歸，船戶笑迎曰：「銀忽得矣，滿船皆此物也。」視之果然。至揚，則少年迎於岸，官具以所遇告之。少年曰：「亦言我否？」官曰：「不敢隱，已告之矣。」少年曰：「固知汝不敢隱。彼何言？」曰：「有與君信。」少年曰：「速固執之，勿開視。」急持其信，誦咒良久，開之，則白鐵刀也。

僧竹禪主蜀梁山某寺，屋宇崇邃，頗遭物議。忽一官家失婦，男女家相告，拖累死者數人矣。諸生有疑為僧匿者，約諸人遽入，搜之不得。竹禪閉目詰諸生曰：「公等來誠無理，今亦不汝責，惟須各在佛前叩頭百下。」生等勉從之，始得出。後以三十金賂其小沙彌，盡得其私藏之所，復窮搜之，果得女，乃送僧於官。時田子栗為令，欲嚴治之，杖禁頗苦。俄崇樸園署督，僧營干得其函，致田令，遂得釋。不再居川，遨遊於各省，今尚在。此事乙未年達縣吳君德瀟為余言之。

有留學生入都候試者，其人能畫，偶倚窗揮灑，忽一顏色碟子自起，若有取之者。既離桌輒鏘然碎於地，心知為狐。他日又然，急以筆濃醮膠水，直前掇之如著，空碟即落案上。已而視筆尖，乃有狐毛一大撮，狂笑以視人。又久之，偶啟衣笥，則裘數襲毛均脫落，乃大悵恨。余曰：狐之為道，公也。人所得之毛雖少，然狐之毛也。而狐所落之毛，乃非人之毛，而仍為畜類之毛，故盡脫之。若曰：伐汝之毛，猶剜汝之肉。

又有滿洲蕉家，數世祀狐，今其嗣雖祀狐如故，意乃不屬。偶買一標本之狐置其室，忽一夕狐盡徙去。余曰：斯狐其猶尚氣節哉。蓋其家祀狐，其平常禱詞必若親若敬也。而一旦乃以是醜之，見辱甚矣，怫然而去。狐其猶敦氣節哉。

前者某部試錄事。試日，印結之外須照相片。一日，所司偶檢之，乃有一女照片，大驚，然其人已取矣。復試日，俟其人至，詰之。直認為彼所交者，且曰：吾生平未照相，而此間乃須此，期又迫，姑購諸肆，烏知其為男歟女歟！後竟不究而罷。

《芻言報》第三期所載浙西鹽價成本表，內列鹽價六元五角。有友人謂余曰：「鹽務中大病即在此項中。實則鹽價何須如許，蓋皆供甲商之攫噬，且實已不止六元五角也。」緣浙東西分杭、紹、嘉、松四所。錢塘江以東為紹所，分畫至為清楚；其餘如杭、嘉、湖、蘇、松、常、鎮、太分隸杭、嘉、松三所，極為紛糅。從前以食何場鹽者即隸何所，今則各場或廢（因海岸遠開為田故），或無人捆銷，盡售私鹽，故各處皆食紹興之餘姚及寧波之岱山之鹽，而三所猶以舊時名義管轄之。

前二十餘年，吳汾伯、許貫之諸君為甲商，猶守舊時規矩。其時鹽每斤成本五文，每引四百斤不過二千文，除鹵耗百斤，亦只二千五百文，共計二元餘耳。諸甲商歲惟得散商薪水之俸不過五千元而已。後以杭、嘉、松三所之事業，大半入南潯富人張氏之手。張以己為大股東，欲專其權，使餘商附己，乃使其夥沈□□為甲商。已而忽創立總商之新名目，仍以沈為之，顧不能兼轄紹，以張未得紹之鹽業也。沈為甲商，繼為總商，聲勢漸大，費用奢闊，用度不足則藉端加廒本，張反受其累。於是張他夥周□□、蔣□□乃覆說張謀去沈，用賂至十餘萬，遂以周、蔣為甲商。已而蔣、周亦如沈，殆有甚焉。無辭可藉，則謂鹽本不足，乃加廒本十萬，現又借官款十萬，而每引除所謂鹽本六元五角外，尚須每引加廒虧一元餘；又謂巡費不足，再加巡虧一元餘。聞甲商歲所得至三四萬，而眾商咸大受虧，張以大股，故受虧尤重云。

江北之鹽，每百斤僅八十文，而至引地，頓加至每斤百文。然入之官者不過每斤五六十文，餘則盡為官吏中飽，及種種折耗云。

向例距出鹽之地三十里內，不許緝私，若緝私勇擅入，即干嚴例，不知走私者實於此為最要也。

某年（在辛丑之後），美國公使特行文各處領事，由領事轉飭各教士，略謂：教士干預詞訟，本干例禁，今特重行申告，以後有民教訟案，教士不得再投函地方官屬託抑勒。倘有此等情事，一為本公使查知，即當驅逐回國。

又某年（在庚子以前），總署以法教士之運動，奏定教士名位與中國地方官署對待階級。是年（亦在辛丑之後），法公使亦飭各教士將此例廢除。此二事，吾國外交界或有未知，故特著於此。

按：庚子之禍，本於民、教不和者大半，各國亦深知其故，故英、法公使均有此等公文。如此則官吏辦事，可稍自如矣。惟是民、教失和之故，官吏逼勒，教民肆橫，民人誤會，皆有之。各地方官得此機會，正當以公平從事，絕不可有偏袒之見。平民與教民亦彼此坦懷相與，勿稍挾猜疑欺壓之心，斯可矣。

法人前大減天主教民權利，教士甚怨。德人乘機使其使臣至吾總署言，以後天主教在中國事當由德國代表。時總署中人亦有知其不可者，而法國亦不可，乃已。

前年德國又欲代表土耳其回教事，我外務部拒之。

近聞人言，吾國官商存款滙豐者至七千餘萬，道勝約三四千萬，正金二千餘萬，而華比、德華、法蘭西尚不預焉。

余友有嘗管理南城之煖廠者，為余言其猥雜之狀，至不堪入耳。且言廠中人多而炕少，乃側身積疊而臥。然少壯多無狀，而居其前者不甘受，致起相毆。老者夜恒便溺怠起，致淋漓及於他人，亦大致衝突。如是者幾夜夜有之，而中有名老太爺者尤最奇。其人蓋宗室，他則不知，惟見時有人至，咸著長袍馬褂，見之輒請安，垂手側立若卑幼者。而老太爺亦踞坐以尊長自處。酬接語甚簡，輒問有攜來否。答曰有，即以錢票若干進，亦不知其幾何也。然其人氣性甚劣，時與人爭毆，委員不勝其忿，輒令縶之。老太爺曰：「汝縶我易，須知釋我難。」委員乃佯怒曰：「豈但縶汝，更須杖汝。」老太爺曰：「且任汝杖。」故事，杖時須解縶。既解，委員忽曰：「吾今亦不杖汝，汝去休。」老太爺曰：「咦，吾不意乃受汝紿。」蓋依例宗室非宗人府不得用刑，故將以難之，而不意轉為委員紿也。

近江蘇候補道朱漝卒於金陵，其訃有恩賞御筆龍字、御筆紫藤花卉直幅。按朱不過以文襄保舉，入京引見，安得膺此異數。蓋朱入京盛思速化，交結木廠王姓，以運動李總管。此等內廷書畫，蓋即王取之李以畀朱者。朱之戚某中堂之公子知其事，輒以告人。朱聞，終身恨之。

吾杭楊君春圃，嘗授徐學士業。學士既達，猶感其意，乃為請貤封，故事未有也。去年先生歸道山，訃聞即以貤封之銜書之。然學士並未將此事辦妥，亦一時笑話也。

蘇州某翰林，客述其二事，尤為可詫。某成翰林歸，頗干與官事。有布肆，其店名適與某之名同，則勒令其改。然市肆之中，易名則業必敗，固哀之，乃使月繳金若干為捐費。又所昵土娼時為無賴騷擾，則以己之官銜牌置其門，無賴不敢復至，其無恥至此。

杭城潘廚子以烹調著。其初，溧陽人姚季眉大令為仁和時，實獎拔之。楊石泉為杭府亦甚賞之。已而楊升陝撫，潘乃持粗布數匹及冬菇為獻。楊問之曰：「冬菇吾知縮醬油其中，甚善也。布何為者？」潘曰：「小人非獻布也。蓋沁雞汁布中乾之，大人至北地或止頓荒僻處，不能時得佳餚，試剪此方寸入沸水，無殊雞湯矣。」楊試之，果然，大稱賞之。

有江蘇人陳姓者，以畫僑江右，後得電報局事。妻某氏，有姿色而性蕩，官場無賴時遊其家。一日有杭人蔡姓、金姓及王姓攜氏於密室迭淫之。陳不能堪，以礦強水迫其妻自盡云。

戊戌年，嵊縣有嫁女者過黃崖嶺之石洞，固以深邃著者也。時忽大風雨，新娘遽由喜輿中躍出，走入洞中。眾駭惶莫措，則馳而告其母家，又往告其夫家。夫家疑其事，聚眾往勘之，顧莫敢入洞，則以竹節貫繩鉤探之，得新人所著孟姜衣，始信其事。然其因由至今莫解也。

都城大柵欄之福壽全洋貨店場面極大，咸謂必有數十萬資本。乃店之主人甫死，店遂不支，以致倒閉，而欠外債極多，店中存貨雖足與外債相抵，然安能如價悉售。乃由商會稟諸官，出賣彩票。其票數及得彩之號數悉依湖北籤捐票。有錫嘏者，滿人，為陸軍部屬官亦店中股東之一。主其事者乃持股票與錫約，如其股份之數，請代售之，云：「若盡售去，即以抵應還之股款，有餘，即作君自購之可也。」錫遍託人售之，尚餘票二百。及湖北籤捐票之電報至，則頭彩適在錫手中。頭彩所應得者為福壽全店基，並謂物估為十萬元。是夜即有人至，願出十萬兩得之，則錫可坐得十四萬元矣。錫不允。次日至商會言：「吾與店主某君本朋友也。今其人死而店閉，家無以為養，吾豈能遽坐視哉。吾願舉吾頭彩所應有者悉以與之，使死者瞑目也。」此事傳出，錫之義聲即日震京師。又時山西提學使亦名錫嘏，適於是時死，或乃為語曰：「錫嘏福壽全歸，福壽全歸錫嘏。」亦巧矣。以命對，莫有能對者。

仁和姚君雲，蘇州發賊初退時，遍地荒涼，偶有完屋亦多鬼物。有宦家子白晝忽睹一絕色女子，百計蠱之不動。已而出刀嚇之，亦不動，遽出刀刺其腹，大叫僕。醒則女子已不見，視腹亦無恙，而覺有物梗其中。呼瘍科傷科諸醫，咸云無有，令以藥爛其皮，則刀柄隱然見焉。取之，則赫然四五寸之刀也。不知何以入，又不知何以能不見血也。醫之數日，創合，後亦無恙。

上海製造局總辦月薪先止百元，後乃增至一千二百兩，欲其勿他取也。逮其後則薪雖優而他取如故。至局中積弊極深，非外人所能知，即有所聞，亦一鱗一爪而已。聞從前之弊惟議價處最甚。湘人王欽緩窟穴其中數十年，後雖被逐歸，然已成富人矣。魏蕃室為總辦，乃請購料皆用西國投標法，然特掩飾外人耳目而已，實則有指定之一二行。雖已投標，而暗中有傳遞，故每次得標者必此一二行。又聞製局與洋行交易，必須打三個九五扣，則不知為昔之弊歟，今之弊歟？又聞製局之煤，從前皆用寧波葉氏義昌成記之貨，別有結約，故煤至碼頭，雖亦派人驗看及過磅，然不過虛行故事而已。至若小工之偷料偷煤，作工之惰，廠中要工又可至外為他人工作，此則尤為普遍之事，不足為異。又，廠中以歷來總辦皆不以職務為意，勤敏者無賞，怠惰者無罰，而升遷又不以其序，故相率偷惰，或謀他適。而洋員與華官亦絕無感情，不過支一日薪水，做一日工而已。

庚子，駐我京師之德使克林德被奸人戕殺時，我駐德使為呂公海寰。德人聞彼使被戕，市民喧言將殺中國使臣為報。呂使懼不敢出，且請員警彈壓。時參隨中多建言此事重大，我使臣宜親至皇宮請謁德皇，代表國家謝罪，且致兩宮抱歉之意，並聲明事出亂民，朝廷初不之知。蓋此事電至，德皇必甚怒，然見我使如此卑屈以達其誠意，則怒必消滅，於將來和事亦易辦。呂公曰：「德皇不見，奈何？」曰：「第一次往，必不得見，則再往三往，不能不見矣。此事須強為之。」呂見諸人敦請，不得已乃一往，外部卻之即返，旋即稱病不出。久之，外部欲詢中國之事，函約其往，猶以病假辭。外部乃使人通辭曰：「來無慮。吾國之人民不似貴國野蠻，無傷也。」次日，呂乃往，外部次官出迎，見之微笑，蓋笑其怯也。呂公回國時，余聞人言如此。

近數期《芻言報》所登製造局員司薪水清單，雖未能一一詳列其故，然薪水之優，人員之冗濫，已略見一斑。前時劉觀察麒祥總辦是局，甚為人指目，被言官奏參。時南皮[1]為南洋大臣，派

---

1 張之洞，字香濤（故後文稱香帥），直隸南皮人。謚文襄。

道府四人查辦，繩刻備至，然劉手段通天，竟運動劉忠誠[1]回任，事遂解。劉之後若蔣德鈞，若潘學祖，若林志道，而潘之名最劣，林所得亦不貲。後委毛觀察慶蕃往，頗整頓，乃言向來總辦不能不於例外有所取，蓋上海用度煩而薪水薄，良不能足，請增為月千二百。劉忠誠以為然，遂改章。已而毛升任去，委鄭觀察孝胥。未幾鄭被岑雲帥[2]調辦龍州邊防。時南皮為南洋大臣，委趙觀察濱彥繼之。趙湖北候補道也。有李平書者，南皮以其為徐聞縣時，能抗法人致罷官，頗賞識之，使為之提調。

後魏午帥[3]代南皮為南洋大臣時，趙以裁冗人，辭去文案韓某。李忽大發義忿，謂韓為數十年舊人，有勞績，安得以微事去之。至以去就爭，趙亟謝，請委以他事猶不可。時魏午帥為南洋，南洋諸候補道頗不悅趙，以湖北官而得據江南優差也。乃導李至江寧，李遂背南皮大攻趙於魏。南皮知趙不可復留，乃以他事調之回鄂。顧欲得一人與魏午帥相通者，則用魏觀察允恭。魏亦湖北候補道也。已而周玉帥[4]代魏為南洋，魏亦不安，乃起張楚寶觀察士珩於家，用之至今數年。張為李文忠之甥，故久在津綜理軍火事。甲午敗，亦有歸咎於張頒發軍械之不一律，且多不精，至臨陣不能用。文忠既去北洋，張亦回籍，今忽使綜此要任，不可解也。

1 劉坤一，字峴莊，謚忠誠。
2 岑春煊，字雲階。
3 魏光燾，字午莊。
4 周馥，字玉山。

泰西商律繁密，吾國所訂亦多從其法。然市中人昏然未嘗過問，而奸人乘此生心者多矣。蘇友馮君守之為余言，蘇之稻香村百餘年老店也，近忽在農工商部註冊為稻香村有限公司，未知為之者何意也。然假使店中管事因加有限公司，偽為添招股份也者，而入虛股無算，以分股東之利，則股東不大受虧損乎？

近代變法之時，行政之官寬嚴多不得宜。如去年信義銀行倒閉，以吾輩思之，則凡分行即不封閉，似宜以人監之而稽其出入。而漢口之員警乃不然，但以警兵守門，彈壓取鈔票之人及閒人而已。有往訪其總理某者，見其房門嚴閉，偶一開時，見案頭鈔票堆積，有內眷在房中忙迫，若有所事，何怪人之致疑乎。

近有歐婦名吉凌漢者，初至上海，自言能為人修治面目，黑者白之，污者潔之，疵點者刪之，麻陷者填之。聞價格頗巨。余意此恐無人過問，或僑留之西人耳。不意業乃大盛，凡官場及大商家闊買辦之少女寵妾就請修治者不少。初時每人不過二三百金，後至千餘金，吉凌漢乃大獲利。而力能求治者，已盡傾篋而去，吉乃復思行其道於京。聞所攜藥料至三巨篋，至京住臥車飯店（俗名六國飯店）。前一星期休息未出，第二星期已得八百金。聞有度支部員某攜其妾來，欲去其面上之數粒麻點，吉索四百五十金。部員曰：「吾買之尚不須此。」後乃減至二百五十金。此第發軔之始耳。以後貴胄名族聯翩而至，不知又將括吾國金若干以去。噫！吾不解吾國人之金錢何若此之多也。亦可謂無心肝之至者矣。

上海商業中約分數種：其一計本刊，較錙銖，嗇用而務積，絕不敢妄費，亦不知應酬為何事。此為最上等，不易得也。其餘大率託一事以棲身，終日逐逐於市肆中，求意外之獲，入款既無定，出款亦無節。此又一種也。大率所謂場面中人皆如是。至或遇有機會，遂出誑騙之途，攫巨金去，而身飄然莫知所往，蓋比比然矣。去年余在申，於酒座中遇湖州人王君，告余一事，余聞之大異，後乃別無所聞，姑志之此，以供聞見。王君言有湖北胡中丞之孫，一夜於花酒座中抗言曰：「上海之票號錢莊直皆是騙子，故匯費乃多少不定。」座客一張姓起曰：「君語勿囫圇，宜分別言之，否則余亦錢業中人也。不知君所謂騙子者何事？謂匯費多少不定者究為若干！幸以見教。」胡驟為所折，殊覺適間言之鹵莽，乃曰：「余將匯十餘萬至漢，款不小矣！而某號乃訛我匯費至若干，豈不可恨。」張曰：「此有故焉，勿錯怪某號也。大凡匯款者，其受匯之號適有余款，方慮無可生發，則得此於彼亦便，故匯費輕。萬一受匯之號無款，須出息向他處借貸，則不能不多，計匯費以內須除去息金若干也。閣下交易之號必是以漢號無款之故，不能不多計匯費，不得謂其騙也。倘付敝莊，則情形與此全不同矣。」胡因詢何莊，且問不同之故。

張以莊名告，即曰：「吾莊在漢積銀太多，方須設法匯申，今有尊款，則彼此各得其便，竟不必匯費可也。」胡大喜過望，即約次日至莊晤面。比胡以款至，張旋以匯票付之，果如昨言，不須匯費，顧胡僅於客座見張一人，未詳審也。胡去，張乃以胡所付款中劃出莊票五萬，交本莊匯至漢，聲明為胡之款；且言胡已延已至漢口開辦大事業，故請將本莊跑街之職事辭去，並將掛欠莊中之款百餘元亦付還。管事者以其於本莊初無大損益，今既得高就，即聽其去。張又以餘款十二萬餘初存諸他錢莊，既而亦取去，亦以將至漢之事告之。是時適謠言某輪沉沒江中，而胡適乘是船赴漢。胡之人有知胡曾託某莊匯鉅款者，恐胡死江，匯票為人得而篡取之，乃請其莊電漢莊緩付。然所屬為胡自匯之鉅款，而某莊但知為張代匯五萬之款，彼此皆未明晰也。乃胡至漢，以張所付匯票至漢莊取款，莊中視其票則贗物也。胡大怒，令覆之，莊中以他票示之，則圖記純然不同，且張之贗票加某記二字，尤足為徵。胡急至上海赴某莊，欲控其以贗票相欺，則莊中謂櫃上未經手此事，不知何人所為。胡詰張，謂張已辭去，問張之擔保人，則保期適滿，亦解約矣。胡無奈，只得控官請緝而已。張亦至漢取五萬，則適被申莊止付。張不能取，忽奇想天開，由郵局寄上海會審公廨一稟，謂伊家有黑磁瓶一座，稀世寶也。緣黑磁瓶向僅有十餘座，近皆為西洋人買去，餘留中國者惟三座，其二為某某二氏保守，一在余家。前售於胡某，言明價值八萬，先付五萬，輒將瓶取去。今乃又串人將此五萬扣不付，實為荒謬，請為究理云云。又致商會一函，亦大略如此。不知彼作此二函何意，亦不知後來如何也（按：此事中間情節有不鬥筍處，姑志之耳）。

近某報載江西某縣女監中所押婦人生子事，以為大異。按前數年揚州一事更為可異，蓋有一男犯公然娶女犯為妻。尤奇者，則居然發帖請客，居然擺酒。而尤奇之奇，則竟以請帖送本縣縣官，至此官始知覺，大怒究辦。此等事不特外國所必無，即吾輩亦未敢竟信為必然。又聞前二十餘年，直隸河間縣之子覬監婦有姿色，設法脫其罪而娶為妾。又有浙江某縣知縣見案中一女犯以為美，乃薄懲釋之出，而潛使人迎以入署。此二事雖亦荒唐，然非若前此之可笑。

秋間，警廳捕拿東單牌樓二條胡同外人私設之賭館，此事各報載之甚詳，並拘得賭徒男女八十餘人，乃多京官。主者不欲多事，乃宣布曰：「汝輩並是何色人，須知平常商民則罰二十金，即時釋回，若係職官則別有辦法。」他人咸會意，張甲李乙任其所言。內一人獨不解，自言其真姓名，且言何部司員。主者亟怒之曰：「汝自為不謹事，乃又欲乘此累他人乎？」此人猶昏然斷斷爭，主者不顧之，為題偽名。乃至廳報名時，此人忽亟言吾實某人，何乃擅改余名。主者急呵止之，並諸人雅不欲節外生枝，無究問者，否則一官不保矣。記從前有誤登乾清門階除者，值日王公見其將陷大戮，亟排下之。此人謂王公輕侮己，伸拳欲再上，有人亟曳之去，並目示之，故乃已。

上海同文書院第二次畢業，例派遣至吾國內地調查一切，其校長訓諸生曰：「今中國言革命，其實未也。至九年預備立憲，依立憲通例辦預算，決算不足則取諸民，彼時所在騷然，真革命軍起，此吾國機會也。」按此語或未盡然，顧東西各國近皆注意於我財政一事，謂不久必將有破產之事，將俟其自斃而收其皮骨。此言至可念矣。

近來籌畫新政，規模宏遠，顧一事乃未之及，則財政是也。他姑勿論，即如司法獨立一事，但以起解備器用，並改良監獄，已不知須若干萬。庫款奇絀之時，將何從籌此，不得不咎主持者之疏闊矣。聞山東諮議局請各州縣停止官價，大府札令施行。諸州縣合詞稟謂：官價本非政體，自應一概停止。惟春秋二祭所用牛羊等亦向以官價，已須千餘金，而領諸藩庫僅得百金，業苦賠累。茲奉嚴札不得用官價，敢請由藩庫發給，庶官民兩紓其困。藩司核其數，通省乃須二十餘萬，乃寢其稟，不復批覆。

留學生某君自歐洲回，適與一稅務司同舟，某君頗知歐洲稅關之內容，因舉以相詢。又謂稅率輕重至不一，萬一報稅者以細貨報粗貨，將何如，故歐洲稅關均設化學試驗所。語至此，稅司忽曰：「君勿多問我。貴國稅關乃極易，但使商人報貨若干，照稅則稅之而已，從無驗視之說。吾輩為此，乃甚逸也。」

歐人地圖於吾國海口海島悉易以西人之名。蓋初行海時，遇島命名，初不謂本名之何謂，此實應表而出之，否則西報載關涉某島之事，而吾國人乃茫然不知為吾國之地。若粵之東沙島然，不特可慮，抑可恥笑。

有新入肆之二徒，肆主將擇一留之。偶食餛飩，既畢，肆主忽問其數。一茫然，一具以告，因留其告者，以其隨事留心也。

又一小徒以小過被遣，將出門，適一笤帚仆於地，扶而倚諸壁，乃出。肆主適見，即返之，謂其已去此而猶勤於事，必誠實人也。

粵人有以汽船轉運為業者，船到埠，主人督司帳者以用數報。司帳者手撥算珠，口呼數目，有應接不暇之勢。適一丐睨其旁曰：「誤矣，已多撥一子，殆千數也。」司帳者斥之。主人曰：「無然。」因問丐，丐曰：「適見彼口呼若干，而手誤多上一子，故知之。」主人默然，因使復之，果然。司帳即辭去，其事即使丐者為之，甚有成績。

先輩言曾文正見人至京者，輒曰：「多叩頭，少說話。」又言文正嘗戲言今人欲得志，須讀三部書，則摟摳經、米湯大全、薰臟大典也。又言文正閒談時，每喜道及亂彈腔中王小二過年一劇，曰：「今日作人，大須如此，乃得免。」此三言者，文正實悼夫時局一至如此，而因發此語也。是至悲之言也。然而後人即執此以為入世不能不如此矣。又文正大功成後，每謂多由天幸，因謂後人為我作墓銘，應綴四語云：「不信理，信運氣，公之言，告萬世。」此文正謙挹之言也。然後人以為果如此矣。君子之言不可不慎如此。

道光季年，盜賊蜂起，其窟穴於深山大澤者，所在皆是。有莊半面者，溧陽人也。少無賴，不事家人生產，與群盜諗，時需接濟。莊為之預備，往來廣德孝豐山中者有年矣。一日販得火藥一肩，挑之陸行。經茂林，忽見一熊來，懼為所傷，遂息林中，持扁擔匿樹密處。適熊經過，莊盡全身之力擊熊。熊負痛，長嘯奔赴山巔，忽聽四山回應，群熊應聲俱集。莊知不妙，遂入林擇高大之樹緣之上，復以帶自縛樹椏叉間，以防驚墜。甫布置完，而群熊果入林，四覓不見，忽抬頭見莊在樹上，縱身攫取，樹高不及，或離數尺，或離尺餘。莊凝神下注，正無法解脫之際，忽有物似冰，著於臉上，莊以袖揩之，則面肉隨落。大驚，亟上視，則見巨蟒橫亙樹杪，其首正對莊首，垂涎欲啖。時下迫於熊，上創於蛇，自分必無生理，因思蛇畏硫磺味，若能去之，則患緩矣。亟敲火取袋中所藏之火藥樣一包，燃紙連藥拋上，而蛇全吸入口中。頃刻見蛇在樹巔夭矯，若甚痛楚者。樹枝當之盡折，蛇墜於地，則見群熊爭來取蛇肉啖之，挾蛇而去。莊始得解縛而下，即將火藥棄去，狼狽而歸，醫治日久始癒，然面肉之已去者不復生矣。故人咸以莊半面呼之。

今人動謂西人詈我曰豚尾奴，不知其何出也。實則十八世紀及十九世紀之初，英人亦尚有辮，其形細而短，英人即自呼之豬尾巴，西文為pig tail。然則豬尾巴者，亦英人呼辮之名詞，今謂其專以詬我，且加一奴字，何其好自賤歟。

今內外上下皆大困於東三省日俄之交涉，當其衝者日夜焦思，顧無解決之法也。雖然，亦思貽此大憂者誰乎？則貽穀一人實尸其咎。當庚子亂時，增將軍、長將軍[1]尚未敢輕舉妄動，惟晉昌[2]忽主張拳匪，而壽山[3]應之，大禍遂作。然晉昌實全聽貽穀之唆慫。事後貽竟逍遙事外，晉亦僅安置川中，而大局之糜爛則與彼無涉矣。

今貽以他事下獄，而社會於此若淡然忘之，且有從而翼之者，何歟？

日報記事訛舛，有大誤事者，而當時乃或弗覺。庚子間或載董福祥為回人，於是人皆有恐彼一有異志，將挾回眾以反，致不可收拾。殊不知彼實甘肅一匹夫，何有徒黨，若捕之，一武弁可矣。又，彼時余嘗與營中人談及此事，余謂：「他人易治，惟擁重兵者恐不易捕縛。」彼曰：「君輩乃未知營中習氣，營中人最憚朝廷。若主將獲罪，朝廷遣一介之使直入拘之，一面宣布朝命，只罪主將，與餘人無涉，即無不斂手。惟若欲治兵弁之罪，又不以此論耳。」

又庚子春夏間，多謂李蓮英已死，其實故無恙也。拳亂之成，內監之力為多。而以李死之謠，已為遠近所信，乃無論及之者，罪魁之誅，遂使得脫法網，未免太僥倖矣。

今之詬外交官，動曰媚外。此語未圓足也。實則吾國關涉外交之人員，並未嘗以此為事，且

1 盛京將軍增祺，吉林將軍長順。
2 晉昌，光緒二十五年任盛京副都統。
3 黑龍江將軍壽山。

視為極可憎厭之事。遇有事，意緒紛亂，惟以推出為第一要著，至於不能，則惟有坐聽外人分付而已。至於平時，隔絕殊甚，同在一處之官，相見亦且不相識，何況言融洽乎。姑舉余所見數事言之，足知吾國酬應之疏落也。

余於癸卯至上海，適彼時英人在上海開英得上海五十年之紀念會（按：此事極可忿，吾國即不阻之，亦當令改名詞。今以與本文無涉，不具論）。或約余夜至海關樓上憑窗觀覽，時亦設酒果。余意華官與西人相見，必有一番款曲，不意伊等彼此皆若素不相識，但瞠目相視。偶然舉杯相屬，飲罷各掉頭去，無若何之殷勤也。

又，某年日本之築紫丸鐵甲船至上海開茶會，余以報館之資格亦見約。時江海關道為蔡和甫觀察，上海縣知縣為浙人王某。主人引觀各處，殷勤特甚。以事論，則當以察覽全船為此日之正事，飲食其餘波也。不意吾國官場大以跋來報往為勞，甫閱數處，王即請蔡曰：「大人欲休息，亦可中止，否則任其牽率往來；豈不累墜。」余睹此二事，已甚覺異，尚見一事則尤奇矣。某年歲杪，徐家匯法人所開學堂散學，循例請官紳蒞其事，余亦命駕往。上海道則遣法文翻譯萬君代往，余則有招商局會辦沈子梅觀察及商家嚴筱舫、施子英二君。初觀其散學禮節，已而觀學生等演古劇，頃之入餐室矣。沈雖以輕薄著，然素有能名，且居申久，與西人交際宜擅場。不意入座少頃，忽以嚴重之聲謂嚴曰：「今年汝等如辦米，須精擇，否則吾漕務處不收。」余大異，暗思此公殆以此間為招商局公事房矣。久之，彼始憶及與主人酬應，即謂神父曰：「貴教余亦佩服，但甚怪貴教不許娶妻。噫！人可不知男女之樂哉。」余聞其言大驚曰：「此人今日殆瘋。」已而聞神父莊其色而謂之曰：「吾教精嚴，自無此等惡濁事。後以不能守清規之教徒，乃叛吾教而別立異教。」沈瞠目問曰：「何耶？」曰：「即今所謂耶穌教是也。伊等主異教才百餘年耳。」沈掉首曰：「君言吾不信，吾見貴教書耶穌降生一千幾百年，而彼教年分亦約略相似，豈彼教百餘年前始出耶？」神父反覆與辯，而沈猶不了了。於是一華人之為教士者亦欲起言，神父亟止曰：「汝勿言。」因指沈之口曰：「汝看沈大人，若再開口必明白矣。」已而沈曰：「吾今已豁然。蓋貴教崇奉耶穌，伊等於百餘〔年〕前叛而言新教，卻仍奉耶穌，故年數相同，而彼教之興則甚近也。」神父笑曰：「是矣。吾固知沈大人之明白矣。」余坐其旁，聞其言慚甚，屢為起栗。不意此輩之陋，且不能藏拙，一至如是。余甚悔此行至與彼等為伍，然亦喜得觀此等怪像。因思吾國與外人交際，沉沉數十年，大率皆如是，安得不為外人所輕。

戊申歲晚，由上海至杭州之戴生昌小輪船行至石門灣，忽被盜劫，並槍斃數人。此處河道向皆太平，猝然有此，大為震駭。聞盜搜劫畢，一為首者公然言曰：「我夏老五也。吾輩素非盜，顧向以販私鹽為食，今巡緝嚴，吾輩不能為此。去而從事於賭，又不能如志，不得已乃為盜。吾輩亦非欲殺人，顧船不停，不以此嚇之不止也。汝輩欲捕盜首，名捕我可耳。」船中有母子二人，子被槍死，母曰：「吾依子活，今殺吾子，不如並殺我，免使吾流落。」盜聞，乃以他所劫五十元畀之。又，盜過一老嫗前，見惟一風雞，不顧去。已而復過之，思風雞亦佳，取之，乃中有百元，船人聞者傳為笑。後聞盜頗悔此行，以吾乃不知船客之窮，所得惟此區區，而徒殺多人，甚無謂也。

外人之裝飾其屋，有釘中國極平常之扇者，有置中國女舃於盤中者。彼以遠東物珍之，不怪也。而上海之住洋房者乃亦效之，不可笑歟？

有至天津之某洋行者，見懸一燈甚華，蓋新到之華貴品也。觀其所懸小紙牌，標價三十八元。已而一雙馬車軒然而至，一貴婦人從車中出，洋行中人接之甚恭。貴婦人瀏覽各物，頗賞玩此燈，問值。曰：「五十八元也。」言頃，即潛摘所懸牌，貴婦人即以五十八元購燈去。客怪問諸夥，此三十八元之貨，何頓潛增二十元。夥答曰：「此吾輩例外應得之利益，否則但恃月俸及分紅，能足吾輩用乎。」

前載丹麥國人特來森君，為電線事至日本交涉一節。茲又聞特初至外務省，日官詢其有無中國國家給與之文件。曰：「有之。」索其出示，曰：「此係要件，我國外務部未命呈閱，余不敢私以相示。」特住大旅館中，一夜沉睡終宵，逮曉良久始醒，胸中煩悶，起視則窗已大開，屋中頗有香味。又視所攜筐篋，悉皆散亂，檢之，一物不失，惟失去外務部所給要件。亟往訴外務省，則日本外交官咸皇然。派人至旅館巡視，又命員警查緝，擾擾數日。久之，得某之牙刷於某處小河中，遂以無可偵察告，特亦無可與爭。後細思之，則文件者，目的物也；燒悶香者，使不得醒，得以細細查驗也；開窗者，以目的物既得，則速出悶香之氣，不欲其致斃也。試觀從事於交涉之困難至此，何可易言哉。

吾國人但知外人之受雇於我者，跋扈驕蹇，或陰為其國，或惰不事事，殊不知吾國待所用外人亦從無得法者。第一則不相水乳也，第二則不知體貼也。人之忠於我，我不知也；人之勤勞，我不知也。大約挾勢力工便佞者，往往為主者所贊悚。此等弊病幾無不然。某君告我謂，前陳璧為郵傳部尚書時，雇得兩丹麥人，令於隆冬勘察電線，直至庫倫，不知陳何意。俟其至庫倫，忽發電令二人不必再辦，即行歸國可也。二人於嚴寒之日，出冰雪之途，數千里之程甫達，而不審理由猝被裁撤，以理度之，安免鬱怒。某君為余友魏君言之，甚忿，言已幾以此辭職去，不願見此等不情之事也。

余少也，隨宦讀書，不涉世故，故其於世事甚淺，然亦頗究人世利病。每以為謠言之起，輒緣誤會誤聽而然。其後更加附益，而或利用以為讒慝之媒，遂致變幻離奇，不可究詰，如是而已。後以數十年之閱歷，乃知竟有不止於是者，茲姑將吾身親歷數事錄之，既以見人情之險幻，亦以使有志斯世者知所周防也。

光緒己亥冬，余忽見《同文滬報》載湘人葉某一事。謂葉守舊，於行詣必端，不意竟大荒謬，給其妹嫁浙鹽商朱某為妾。逮妹返而哭訴，伊乃戲言曰：「為妾何害，今人皆寵妾，得子捐誥封，與妻何異。」余見報大駭，乃袖報往見報館主人井手君，曰：「葉君為人如何，吾不置一辭，若此事則絕與事實相反。」蓋朱余戚，此事余知之極詳。朱為余再從妹婿，妹死，或為媒葉之妹。朱年少佻薄，知葉富，且女頗有才名，亟許之。既訂姻，朱有事至杭，館其母舅趙氏家，又豔其表妹之美，則匿訂姻葉氏事而媒娶之，置於揚，遂至湘娶葉氏。已而迎趙至，葉女知而詬，遂常家居。是時余適以事至湘，詣余弟家，廉知其事顛末。余謂此事極難辨，蓋於葉則先訂而後娶，於趙則後訂而先娶，假令朱返至湘時，有人知其事而告諸葉，使退婚，尚可及，今則難矣。顧無論如何，此事咎在朱，何關葉也。井手君曰：「是瀏陽唐某屬登者，其所屬多矣，他事關係尤巨，余擇其事至小至無關係者乃登此。」余曰：「此事顛倒太甚。」乃作更正數十字，請井手君登之。越數日則報忽又載一段，仍伸前說，謂葉為此者，實以欠朱三千金，故暗以妹為抵。余走謂井手君曰：「此說更謬，朱雖鹽商，中實枵，安能有三千金借葉。」井手君乃勸余不必更與若輩辨，此固小事也。余因思彼等方盛有組織，而乃為此無謂之播弄，足知吾國人意度止此而已，可歎也。

辛丑，余詣徐家匯，訪一友之為天主教士者，其人固名聞遠近者也。忽問余曰：「余鄉人某君者，非君之友乎？」余曰：「固也。」俄歎而告我曰：「此人誠無謂。彼為皖某縣，而求余函介紹見皖之神父。余謂與教中人來往甚惹事，幸交涉事皆洋務局擔任，君何苦自尋煩惱。而某君強索介紹函去，與神父往來頗密，不意渠實陰伺神父短長，通稟大府。而藩司之書吏陰錄其稿送神父。神父乃詣縣署卒然問曰：『君非管理民間訟事乎？』某唯唯。又問：『假使控訴而無據，亦准理乎？』某君曰：『自然不准。』神父乃出所得稿示之，某君閱，竟無愧色，不辭亦不置辨。神父即往見方伯，以此告之。言：『某令蔑我至此，吾當聽審，顧必擇地較尊崇者，則事之然否，大眾咸知，若府縣署則不必也。請速定辦法，余歸聽命。』次晨，則洋務局文書至，言今日自撫臺以下悉至天主堂，屬相待。神父覆函，問諸大官之來，為審判歟？謝罪歟？謝罪則堂中可，審判則嫌地小也。局覆謂是謝罪。少頃，則自撫臺至首縣皆至。坐定，藩司下令命某令謝罪，令斟茶奉神父。藩司曰：『是尚不足，須叩頭。』某即跪，叩頭三下而起。君試思某君平日亦諤諤，而一旦失身分至此，寧不可忿？」余聞言未畢，即氣忿填膺。後思此事大奇，何他無所聞。後遍問自皖來之友人，或官場，或紳士，或流寓彼中之友人，咸茫然絕無所聞。噫！豈揑造以相哄耶？吾至今疑怪之。

癸卯，俄事日急。有常州人余君見余張園，言俄人在奉天一事極駭人。余曰：「確乎？」曰：「固聞諸某巨公。」是時余亦出入《中外日報》，顧以此事無他聞，不即登載。次日，又見余君，詢昨所言，何今日外間尚無及者。余君答語含糊。余窮詰之，余君忽曰：「即謂我造以紿君，亦何大奇。」余聞其言此，乃悵然逕去。

乙巳春，余居京，偶至譯學館，遇教習某君，動色謂余曰：「君知近日將有大變故乎？」余見其狀，亦皇然詰其故。某君曰：「吾頃至通州軍隊中，言適得政府某邸電，言日內恐有變動，屬一切預備，一俟密電至，即開隊入京。」余聞言大震，顧以事太重大，未敢喧也。逾數日，乃寂然，復問某，某亦自怪之。久之，偶於他處遇某，某則自圓其說曰：「余近又至通詢前事，云後又得京電屬解嚴。」茲事吾至今心悸，蓋彼等之目的，意余不審而電上海，則報紙一登，長江一帶匪徒即可藉以起事。其計畫成否不可知，而余必已受累矣。人事之可畏如是。

丁未春夏間，京師忽傳岑雲帥在上海續娶某大員之女，儼然若實有其事者。其實某大員與岑年位相若，何為以愛女嫁之，即此可知其不然。然以言者甚多，竟無人不信者，亦可笑矣。

以上所舉五事，大小不同，造言之人命意各別，然世路之險，洵可由此推之。外人指陳我國風俗，確者固多，而隔膜者亦不少。惟有數事頗洞中癥結，彙而錄之，足見吾國民之急宜著意教育也。

王苑生觀察為余言，天津駁船公司自海口輪船上運貨至紫竹林，輒有缺少，華洋商人以此具控者多矣，顧以不能指證，悉不得直。而公司為外人所設，一家專利，得十分之保護，故控者雖多，而公司固自如也。有與公司之西人諗者，謂之曰：「控者如是之多，則有弊必矣。此等弊端所得，悉歸買辦等私囊，於公司無預也。然則盍易一小心謹慎之買辦，無令公司代若輩受過也。」西人曰：「吾豈不知此？顧貴國人之性習吾知之審矣，無人不思例外之獲，且無人不工作弊。然久於此者尚有戀棧之心，不欲過甚，以至不保其事。若驟易一人，則彼作弊無轍跡可尋，且驟得此佳事，彼必盡力以謀大獲，則害事愈甚矣。故無寧隱忍仍舊之為愈也。」

向來信局寄信，必交信後始取信資，故尚不大失誤。自開郵局，凡不掛號之信，皆先貼一二分郵票，送到後不復取資。而郵差恃無質證，不送到者居多，甚至有擲之池蕩中者。見報章者多矣。近北京一分之信，輒皆送到。然推原其故，則雖貼一分郵票，而郵局皆以一簿書每次收信人姓名，每處信送到，輒須取收信之證，蓋非是則永不能使信送到也。

《順天時報》館之一宮房次郎君為余言，自來此辦報，覺一事中日風俗迥異。日本報館亦時收匿名偽名之信，然皆言公益事，或言某處橋樑宜修，或言某處溝渠宜濬。此間則不然，大率誣訐人，欲借報館以泄其忿，甚至言人閨閫，而言公益者乃寂然。余聞之泚不能語。

西人多贊華工之勤。或曰華工之勤，乃視督工西人之鞭，倘無此，皆輟業吸煙矣。此誚華人語也。有一贊華人者，某報載一西人謂華人辦事極有能力，無論如何艱難困苦之事，皆非所懼。惟須識華人性情，應約估此事應需若干，而包與辦理，則一日可兼兩三日之工，一人可兼兩三人之事。倘按日令作，則必致延誤。余屢試屢驗云云。此贊華人語也。然尋其意味，仍是相類。總之謂吾國人不能按期辦事也。又，按以上云云，尚是指閩、廣等省人，雖非激勸不可，而精力固充足也，若他省人更不能矣。

西人辦事，功課之密，規則之勤，勝我國幾百十倍。而我國人乃誤認，反以為逸於我。輒曰：若西人治事，但須每日上午幾點鐘至幾鐘，下午幾點鐘至幾鐘，而禮拜日悉停工。是其赴工之外，餘皆歸自用，較之我國逸多矣。殊不知，彼所謂幾點鐘至幾點鐘，此實在到工之時刻。而到工時又極辛苦，則晨起盥漱早餐，急赴辦工所，亦僅僅及時耳。午餐亦然。道遠者大率不能歸食，則就食於肆。日本人則往往自家送食至，往往冷食。至晚散歸時，仍須視此日公事如何，倘有未了之件，或事雖畢而叢雜須整理，則必須事竣方能歸。故何時到工者，此限其遲到也；若何時散工，則並非限其屆時必散，不過謂此時可散耳。辨之不明，一若散工時刻必可離辦事處而去，抑何可笑。且各國凡辦公之地，為事皆極煩冗，諸人運筆如飛尚恐不及，非若吾國晚近，雖定入署時刻，而實無事可作，咸相聚談笑，或辮髮剃頭，甚至任售什物者入，諸司員恣意看古董字畫或珠寶也。

合肥性好謾罵，所昵或將登用者，則罵尤甚，故左右輒以被罵之輕重多少，卜憲眷之衰隆云。督粵時，有思得中軍者，顧與藩司觸忤。或言君欲中軍而與藩司不洽，似不可。此人遽曰：「是無慮，前日中堂已罵我滾矣。」蓋武人心無回曲，竟直言之也。官場聞者，傳為笑柄。又有粵候補知縣某與女僕私，初無事也，已而署某縣，被其夫控官，致撤任。某懼甚，問諸知刑名者，曰：「是無慮，撤任外無餘事矣。」某聞言，乃徜徉自若。一日飲友所，家中人踉蹌至曰：「此女僕忽逸去，無可蹤跡。」某惶遽，復走問人，曰：「此則可慮，彼可控君藏匿，或他故，其罪可至出口。」某大懼，擾擾久之。或改成語目此二事云：彼婦之走，可以出口，一字之滾，榮於華袞。

卷三　雜記

丁未，江浙方嘩爭蘇杭甬路事，上海有一無意識之商人，忽投函英使，謂余乃先首抵制美貨之某人，嗣以辦商會事中輟，今貴國如不廢蘇杭甬路約，則余將以抵制美貨之力量抵制英貨云云。某並登各報廣告。後余聞英使得此信，覺甚異，使人觀其內容，則復封而還之，不加一語。按此等舉動，無以名之，只得謂之瘋。英使之待之，亦待瘋人之道，可謂辱極矣。顧不知某商人者，亦知為辱否。

某年，美之貴人塔虎脫至申，申之商人起而歡迎之。沈仲禮主其事，使女學生數人周旋其中。此事甚為外人所怪。蓋吾國素以男女有別聞，而忽有此，固足異矣，況又不與西禮相合乎。而此等女學生，初無酬應之經歷，舉止無不生澀。在西人觀之，惟謂中國人裝飾女子以悅美之貴人而已。是日席間，沈君演說中提明塔虎脫君將為美總統。此語甚不為塔君所喜，尚有他語亦欠圓活。塔答辭頗露不悅之意。以上兩事合而觀之，則知與外人往還大須著意矣。

粵華人赴南洋工作，多不相知聞。光緒初，乃有刻地獄圖說，為之吁於世。乃與港官商酌，由港官派人檢查。然為豬仔者大率甚愚，且為主者所懾，故港官問願否前往時，無不言願往者。官場亦委員在潮、汕等處截搜，顧為豬仔頭者每販一豬仔，奉委員銀四元，每年無慮數千。故官場反因是多一美差。

有為廣州美領事之譯員者，一日隨領事見兩廣總督。甫至客座，忽一人入，潛遞一紙，則銀票數千金也。駭問何故，曰：「制軍即出，汝與領事言次，可偽傳領事語，求一某事，此事賓主皆不知，汝得此無害也。」顧此譯員頗有操守，力自言不敢為此非義事，其人怏怏去。已而事畢回家，則有人饋珍貴之品羅列几案，並有一信伸前說。言今先以此相餉，事成則前款仍相奉，決不食言。譯員又卻之。他日，忽來一函，言某事必須汝照辦，否則以白刃相加，二者惟君所擇。譯員見此，知不可久留，乃託故辭去。此譯員可謂賢矣，惜傳者未能舉其名。然粵中風氣可見一斑矣。或曰粵人不畏死如是，足敬也。然余居粵聞此等事多矣，顧未有出於義者。或曰能不畏死亦佳。余曰此何足言。蓋此類事必有奸猾者主之，不得已用強橫手段，則雇死士為之，成則若干，不成而死則若干，皆有價格，亦不甚昂，倘中變則處之甚酷。何義俠可言，何不畏死可言。

近報有載土耳其將與中國訂約，且與蒙僧結交。按蒙僧之名詞大誤，當改作回教人三字。此事或以土耳其衰小輕之，雖然，不可忽也。土耳其國勢雖後於各國，而回人之在吾國西北，則勢力盛大，迥非蒙藏所及。猶憶庚子、辛丑間，土與英俄交涉後，遽行了結，且曰遠東有事，吾等當往觀釁，不暇事此。後又有土耳其二人至我國，觀察各處回教人情勢。或曰回教人實往請之。由是觀之，斯事亦甚不可忽也。

己酉，端午帥督兩江，忽有以合辦華奧銀行請者。視其名字，則赫然當代名人，且素主不用外款之某君也。顧其措詞極巧，又不得不批准，然後來事竟不成。考其故，則遞呈南洋大臣呈中，稱華洋各集五百萬，實則各集百萬。而華人不能得此百萬，乃以百萬之股票押與洋人，即以所押之數為華人之股。顧華人至少尚須出十萬，否則不復能成華洋合辦之局。後以並此十萬不能支付，遂罷。此事有目擊者言之；其不成之故，則另一人言也。於是有詬某君言行違反者，有詆其引虎入室者。或以叩余，余曰：此難言矣！某君本非商務人才，偶乘便利又挾勢力為之，幸而得成，而擴充一切，至無涯涘。其最可痛者，則內外絕無助彼之人，外之與聯絡者將利用彼者也，內之食於彼者將竄穴其中者也。逮至情見勢絀，外張而中枵，乃至假途於必不可為之事，而卒又以不能成而罷，亦足悲矣。若夫主持不用外款之是否，則又別一問題。此說是否出彼之本意，亦別一問題，不必遽牽及也。

今日紛紛設銀行，實則即向來錢莊票號也，實則奪錢莊票號之利，而並不如其有規則也。十年前，通商銀行初開時，延一人為大班，居數月，見營業之內容，大驚懼而去，曰：「吾國商業從無如此跨空者，如此何可支援歟？」按三十年前，余即聞錢業中人自誇曰：「吾輩但須一二萬資本即可轉動數十百萬之事業。」余甚異其語，以為莫大之才略，近始悟此等語，直與會匪自誇一呼可得十萬二十萬人者相同。狀若足資恫嚇，實則為大禍之所伏。或曰跨空之病，固吾國商務之死症，然一時嚴為取締，則又不可。蓋各處市面全恃如此支架，一掣動則市面全倒，而大亂隨之矣，猶之病虛人之投以峻劑也。此說亦甚有見，維持商務者以為何如？

上海各國領事，時向上海道請運米出口，其實非洋商也。有時並非華商或平常華人為之，而分包與商家。又有時則平常之西人為之，而轉與華商，亦竟有請得而無人過問者，亦有商人運去而無利可圖者。其道蓋非一端，然必領事請諸官，而轉輾關說，所費蓋巨，及事成求售於各米行而不滿額，或米行盡認其費而不能銷，則轉致為累。又從前之所謂出口者，即出洋也。近則以各省禁米之故，以出各省境為出口，而運至海外者為出洋。又以洋商亦時運吾國此省土貨而售之彼省，於是各省禁出口之米亦受外人干涉，致有示禁後須二十一日方能實行之說。今年湘省之禍亦半由此，講時事者宜研究及此。

又出洋之米，實仍是海外之華僑食之，蓋歐人之麵包皆用麥粉。安南、暹邏皆出米，日本值年饑，或偶然求糴，需此者惟華僑耳。亦研究茲事者所不可不知也。

焦山之海西庵，屋宇清潔，餘屋均無塑像，惟第一進有觀音像，亦甚小，故騷人墨客樂下榻焉。前數年有鎮江人焦樂山者，得為上海大清銀行大班，乃謂焦山之焦處士為彼遠祖，因塑處士像納諸庵中，且先使人問山中諸廟。諸廟僧人視為大問題，已而議得此事無可阻止，只得聽之，惟與約定，將來如重建廟宇，不得高於定慧寺。定慧寺者，焦山之主廟也，凡諸古物，若商周彝器及楊椒山先生字、瘞鶴銘皆貯焉。故今日至海西庵，一入門惟見一巍然塑像塞滿屋宇也。

古人題詩，過三峽者必言及猿聲，過揚子江者必金、焦並述。然近來金山已連岸，昔之所謂中冷泉即在金山寺相近，以欄圍之，築室其旁，過客欲試泉水者可入室啜茶。至三峽久無猿聲，倘使詠詩者不知此猶復蹈常習故，豈不為識者所笑。

彭剛直[1]至焦山，亦住海西庵。某年公至時，王之春為江蘇藩司，往謁，蓋王之起由公援薦也。此次不知以何事，公責之備至，聲色諸厲，王至屈膝謝。僧在房外覘得其狀如此。

凡由中國渡太平洋而至美者，必少去一日，此稍知曆法者皆知之。吾國人初至美時，不知有此，故所書之日恒錯一日，如應作初二日，書作初一之類。於是與外人交涉甚費剖辨，百餘年習為故常。直至楊子通[2]欽使時，始反覆開譬，又著為論說發行各部，始克改正。此事常州人余君易齋告余。余君即隨楊使至美者，且以彼時文告見示，惜今已失之矣。

乙未，李文忠奉命至日本之馬關議和，過上海，官場例設宴。時文忠兄筱荃制軍亦在上海，勢不得不請，顧有難者，坐席次序本應先兄後弟，然文忠氣概似無屈居第二之勢。諸人相商，甚難其事，乃擬姑勿先定，俟臨時再設法。屆時則文忠已自據首座曰：「今日諸君特為我盛設，不敢不坐此。」視筱荃制軍，已逡巡坐次席矣。

1 彭玉麟，字雪琴，謚剛直。
2 楊儒，字子通，一八九二年任駐美公使。

己酉，梓宮奉移之前日，某貴族之馬車將由天橋御道而出，警兵阻不可。貴族大怒，盛肆威嚇。警兵鞠躬前曰：「天橋者，恁家之天橋也；常人不得由中間御道者，恁家之法制也。警兵何知，惟知遵行定章而已。今恁以恁家之人，而欲破壞恁家之法，何不可之有？何怒警兵為乎？」貴族無語而去。此警兵之語無幾，而透徹婉轉，惜未知其姓名也。

陳君籙，學於法。偶譯法人所撰雲南書，為之跋，備言法人覬覦雲南，意甚叵測，以為己譯華文不致有他累也。不料為寓華法人所見，譯其跋文寄回。於是法人大嘩，謂陳獲學於法，乃不知感，而盛相譏誣，乃公議不許覆至法校。陳以未畢業，不得不復入原校，正悵悵無之。會陳奉委為平和會會員，而法國之委員某君即該校教習，素知賞陳，乃百計為陳道地，仍得返校。吾國之人動好逞臆直談，縱筆直書，而於事情委曲局勢障礙並未顧及，小則來詰責受窘迫，大則積怨怒挑國釁，無乃失之不智歟？（按：此條末數語，係謂外人防察之深，則吾國人下筆時更須注意，非謂當隱默不言也，幸勿誤會。）

士君子既欲言論救世，則必自尊其言論，事必求其確實，論必求其正當。若初未調查明白，而遽宣諸筆墨，則往往害於事。吾輩好發議論，時犯此病。即言及商務，必首曰稅斂太重，致價太昂貴，不能銷行。顧厘稅之於商，究竟若何，吾輩實無一人躬自檢勘，惟聞一二人言，即書之而已。去秋余自上海赴蘇，車中遇一直隸之南宮人，詢其所事，云向以販南方之綢至南宮、冀州一帶銷行，使夥友居蘇司其事，今往督視之。余問運綢至北須繳厘稅若何。其人曰：「吾等此業悉包與鏢業承運，吾不詳。約由清江浦至直隸，每匹乃二錢餘。」余曰：「此殊不了了，究須十之幾？」彼又曰：「質言之，則每值一千兩，店中與之五十兩，厘稅、水腳、保鏢咸在內，無他需矣。」余曰：「此所言內地也。若過洋關則何如？」彼曰：「每值千兩須七十兩，貴於由內地多矣。」余聞其言，推詳久之，意其所謂包辦者必有以多報少之弊，洋關乃不能然。據此言，則吾國國內抽厘稅雖為他國所無，然估其數不過百之二三，似非如吾輩昔所言也。而商之病已如此，工藝不興、土物不出又如彼，意其原因，尚有十百倍於此乎？吾願有志者更詳細調查之。

己酉，余在京漢道中，遇舊友吳蘋伯君，談時事甚歡。顧每過一車站，輒有警兵一隊至車前立正舉槍，若迎送貴人者，而實無有。吳君曰：「吾自京奉來，皆如此。」有同車西人頗對余笑此事，究此學何國禮歟？余曰：「吾國事不可究詰者不知凡幾，何獨此。」有頃，過一站又如此，吳君呼問其故。曰：「此本以迎貴人，然有時恐車中有貴人而前站未相告，或見告時已遲，故定例不論有無貴人悉行此禮。」吳君聞之為失笑。按吾國接差，向視為要事，當差者極苦。前曾小侯使英旋，津之官場派迎塘沽海岸，數日未至，忽潮漲漂沒數十人。此事曾敬貽觀察為余言之，余驚曰：「如此豈非糟蹋人命？」敬貽曰：「此等事不知凡幾，此特小小耳。」余大異久之。

有江浙世家子過申，居其族所設肆中，忽數日不歸，肆人遍跡不得，大驚。俄得其信云，被拘南市工程局已數日，速設法保出。肆人又大驚，姑依言往求釋，至則局中固言無此人。力爭，則使人導之，遍視押中人，瞥睹其人在焉。怒指曰：「此非是耶？」局中人曰：「彼來時，自言姓名非此也。」問之信然。然以保人係有力者，遂得釋。後詢其故，則知其偶行南市馬路，見路中遺一西信，其人略識西文，見須送至南市工程局，即為之，送往。局員視信畢，問汝為送信人某某否，則唯唯。問信中所言汝已了然否，亦唯唯。局員乃正告之曰：「信中謂彼所用細崽某某甚無狀，今令送此信至局中，請羈押若干日始釋之。汝既自承，當即照辦。」遂令付押。一時無以自明，乃至李代桃僵。後乃私作此信，託人郵致始獲釋。店人尤之，曰：「何傷。吾在某縣學堂為教習，嘗歸遲，門已閉，徘徊間為員警詰。余不言，遂為引至局中宿，次早始歸，斯何足怪哉。」按此事本不足記，然細思之，則絕可怪。此人甚聰明，稍有學問，下筆千言，亦能論時事，平日非痌非癡，又時至上海，以理言之，決不應有此。拾路中信，奇矣；從而為之遞，更奇；其尤奇者，則何以忍不明言其故，直認為知信中情事，致遭此小厄。假使事情重大，將若之何？天下人心理真有不可臆測者，此類是矣。至士子與細崽相去懸殊，雖彼自承，局員何竟不深察，況天下安有據一無頭無腦之信，遽依以罪人之理。吾國人之辦事苟且阿循一至於此，可歎。

余生平見畫本及攝影法寫真多矣，然無怪於吾杭戴用柏先生者。先生嘗出一紙，畫天女（即月孛星），右手把劍，左手提一人頭，鮮血淋漓，即先生小像也。雖云示戒，然未免怖人。

黃祖絡為浙藩，以貪著。嘗以數千售山陰缺，有趙姓行六者得之。上海戲園演為《朝天串》一劇，中間扮花旦言某缺須若干，某缺須若干，山陰則須若干。黃聞之大驚，亟使人以二千賂園主，故唱一次即罷。然後即被言官參劾去官。

酒座中，一客忽回首問所召妓曰：「汝所歌者何曲也？」妓淒然曰：「吾歌此於君前三年矣，君乃並不知所歌者為何曲乎？」余謂此語悲矣。妓之歌必為客之喜聞而歌之也，即客之譽其歌亦必不一二數也，乃有此一語，足徵客初未以此置懷，而前之為徒勞也。世之誤意人之相信而傾心事之，其亦視此歟？

客於妓前詆他妓之狎園人優伶者，妓睨視久之，曰：「君輩於狎園人優伶者詆之至矣，其於不狎園人優伶者則如何？」余謂此言足愧今之社會矣。刻責於彼，而淡忘於此，不足資激勵，且以徵人情之薄也。

魏君沖叔曰：「中國人練馬但能使服從耳，西人能使有精神，有紀律，不獨練西國馬佳，即練中國馬亦勝中國人自練。」噫！豈獨馬然哉。又馬之馳騁，各方不同，近讀唐許渾詩，有胡馬能漢行者，謂中國馬馳騁法也。二字甚新而古。

吾鄉父老傳言：嘉慶中，有外省人月夜步遊湖堤，時水天清曠，寂無一人，深怪杭人素稱風雅，何如此佳景乃無人賞玩。忽見橋闌坐一人，且似趁月觀書，大喜同調有人，亟趨赴之，則梁山舟[1]學士也。意所覽必佳帙，亟索觀之，學士乃亟匿其書。轉疑為珍秘不肯示人，奪而視之，乃典當中月總（每月底結帳之名）也，不顧而去。余按學士素以清德著，何至如此？且檢勘物業亦人事應然，即欲避人，則為地多矣，何必乘夜閱諸橋上？吾杭舊俗，大率清而近薄，而嫉妒之心遂甚，於是遇有聞人，輒好指其疵累，以炫己之獨見，且自表非阿徇。此等事固可斷為必無，即有之，於學士清德亦未有損。且純全之行，自古為難。如謝安以雅量著，而暴風蕩舟，亦且變色（《世說新語》）。郭子儀以大度著，亦嘗以小怒殺人。若執此一事，即謂謝、郭二人生平皆俗狹，可乎？又凡廉潔者不免吝嗇，精明者不免過刻。而世之論人者，欲其廉又欲其不吝，欲其精明又欲其不刻。不特此也，於清節之士既刻求其纖微之累，又欲其出諸自然，並欲其不自知為清，是非世上人所有，必造物別造一種天人，始能應如此萬求。即如《晉書》言謝安，聞謝元（玄）大敗苻堅後，不覺屐齒之折。後談史者幾謂謝前此安詳之態，皆屬矯偽，不知如此即足為雅量有德。若天然安重，不震不矜，語則有之，吾未見其人也。

魚翅，自明以來始為珍品，宴客無之，則客以為慢。顧庖人為此未必盡得法，大約閩粵人最擅長，次則河南。前時閩之京官四人為食魚翅之盛會，其法以一百六十金購上等魚翅，復剔選再四，而平鋪於蒸籠，蒸之極爛。又以火腿四肘、雞四隻亦精選，火腿去爪，去滴油，去骨，雞鴨去腹中

---

[1] 梁同書，字山舟，錢塘人，以書法有名。

物，去爪翼，煮極融化，而漉取其汁。則又以火腿、雞、鴨各四，再以前汁煮之，並撤去其油，使極清腴，乃以蒸爛之魚翅入之，味之鮮美蓋平常所無。聞所費並各物及賞犒庖丁，人計之約用三百餘金，是亦古今食譜中之豪舉矣。四人者為翰林林貽書、商部主事沈瑤慶、候選道陳某，其一人則不記矣。方是時，吾國之東三省正為日、俄兵蹂躪也。

乙巳，余族人以知縣至京投供，署年為三十七。次年至吏部投供，視所書年仍三十七，曰：「誤矣。」部中人曰：「汝原開履歷為三十七，何得誤？」曰：「去年三十七，今年非三十八乎？」吏曰：「若欲改三十八，須取同鄉官印結方可。」族人不顧，去而語人，莫不軒渠。

凡前任虧空，上司無如之何，乃物色能代彌補者為之代，或竟強令後任代之。此雖非法，然各省多如是。近河南洛陽縣某令卒，虧空甚巨，藩司朱曼伯（壽鏞）知武陽某令與同居，乃勒令代填虧空，始准赴任。時某令適自藩署領庫平銀四千兩，即繳入代還虧款。藩署吏不受，云須照例加傾鎔火耗。駭曰：「此適自署領出，綑識如故，何加耗之有？」告之朱，朱曰：「此庫吏事，汝須與彼言之。」某不得已，加耗銀，始得收納。

三喇嘛者，在東蒙諸旗極驕貴，東郭羅斯王其義兄弟，王子為其義子。王之立不以正，三喇嘛有力焉，遂干預其事。時俄人初營東清鐵路，三喇嘛與周冕通，先以地押與俄人，已而遂為俄人得，故三喇嘛甚富。偶遊俄妓家，輒以人挾俄帖往。程雪樓為黑撫，欲殺之。三喇嘛與京朝貴人多通來往，程竟無如何。後檄令赴質哈爾濱，由中俄官會審，三〔喇嘛〕不通漢文而漢語甚善，辯論滔滔，問官竟不能屈之。

留學日本學生有畢業歸者，見伊籐〔藤〕侯（時尚為侯），且請教焉。侯誨之曰：「閣下歸國，必入柢界。吾無以相贈，僅以一言奉告。凡辦事總以『誠實』二字為根底。」按伊籐君雖功烈卓著，而生平遺行亦多，故東人不以第一流相許。而其言如此，吾國人亦可以自省矣。又，按日本人於吾國古來忠節之士，如文文山、方正學、楊椒山等，最深欽佩。即彼國新學之人亦未聞以他說不同而稍存輕視之心也。前時隨小村[1]專使來京之人頗物色諸人文集，云回國時將以此為贈貽之品。未知吾國人至彼國，亦能以此等物事為歸國之贈品否？

皖人劉步元，字仁齋，幼隨父在鄉耕種為生。十五六時，方驅牛田間，一相士見之，謂其父曰：「此子貌不俗，若遣讀書必有成就。」父曰：「此兒蠢蠢，安得有科名望？」相士曰：「濁中帶清，將來必有成就。」父以無資力辭。相士曰：「吾家距此不遠，吾弟亦設塾，吾當使減其學費，暇時則為傭以酬。」如其言，讀書果聰悟，日有進益，後成進士，為江西之崇仁縣。崇仁鄰金谿，金谿有張姓村者，地介崇仁縣中，素蠻橫，不許肩輿入其村。劉赴鄉勘案過其地，肩輿甫入村

1 小村壽太郎。

中，一武舉輒率眾攔截使還。劉問何故，曰：「吾村素不許肩輿入。」劉又問其理由，曰：「張姓，張飛之後也。祠堂供張飛，故如是。」劉忽思得一策，因問曰：「汝等知本縣何姓乎？」曰：「不知。」曰：「亦知本縣何人後乎？」亦曰：「不知。」劉曰：「吾即漢劉元（玄）德後也。汝祖張飛嘗為之臣，子孫相見，何得無禮？」眾大驚，愕視良久，則亟助舁肩輿，至其祠堂，進飲食，復送之出村。劉以修堤嘗住某縣數日，時吾家芍卿先生為縣令，其子建齋時與劉燕談，備得其詳，後以告余云。

杭人許擅長，字季仁，咸豐間為內閣中書，才思清俊，顧落拓不羈，好狎優伶，貧甚。偶假得數十金，必盡費之韓家潭等處。時英法兵入京，京官多潛走。許向同官某假貸，其人曰：「假貸可也，然余亦有事相求，必諾乃可。」問何事，曰：「余有老母，擬即移家近畿，而今晚當值，欲君相代。如允，當相貸二百金。」許即諾。夜宿閣中，篝燈觀書。時恭王留守，夜出，察諸值宿者乃多空無人。至內閣，望見有燈，趨之。見許，問他人多不至，君何為者。許初不識為恭王，然意必為貴要也，乃起對曰：「今京府空虛，各署文書深懼遺失，故不敢不致謹。」王甚獎歎之。問其姓名，曰：浙人許擅長也。後中書有缺，特越次補之，而誤為許善昌。許既得補，乃遞呈吏部更正焉。

宦途升沉，至為無定。從前資格之見深，故失之雖驟，而得乃以漸。近則忽進忽退，直有不自意者。而失時情況至難堪者，尤莫如前郵傳部侍郎朱君寶奎，蓋朱甫驟見擢用，不數日即斥罷。是日，朱方以新到任，各處拜客，坐馬車中洋洋得意。至一處，主人愧於言，未之告。又至一處，則主人微示意，屬其歸稍休。逮歸乃聞噩耗，頓時憂喜易狀云。（校者按：朱於光緒三十三年三月初九日補授郵傳部左侍郎，旋以岑春煊劾其聲名狼藉、操守平常，於是月二十三日奉旨革職。）

蕪湖某路及漢口之歆生路，娼妓之營業甚盛，且爭欲得其處，賃值雖貴無恤。蓋其屋為合肥某貴族所營，能以大力保護，差役痞棍皆斂跡不敢至。噫！門弟之高，聲望之佳，如彼貴胄，而屈為此，亦可異矣。

西人遇事肯加研究，雖涉穿鑿，然其用心可喜也。有江浙舊家以家藏大磁瓶交粵人霍君在上海所開之鴻昌寄售，其瓶腹大如西瓜，惟已截斷，一線斬齊，中略有參差亦不及半分，合之泯然無跡，不能入滴水，技亦精矣。顧當時何以截斷，又何能如此嚴密，則莫由知其故也。有西人至，觀玩再三，云吾知之矣，是必有以善於截磁自炫於主人前，乃以此試之，遂傳至今云。

憲政編查館開後，廣羅人才，望高而稍重，顧諸君每日到館者甚少。主者憂之，乃定一例曰：「凡每月到館不及二十日，則月底付薪時須即將本員薪水扣去。」此例既定，到者較多，而晦日尤大集，蓋皆恃此湊足二十日之數也。一日有館員訪友，忽大雨，談笑方洽，忽問曰：「本月是小建，是大建？」曰：「小建。」即命駕冒雨去。甚怪之，已而省之，則是日為二十九日也。

凡同姓有特別之標幟者，無過章姓。余見數人，咸曰伊家先代有節婦，小足趾歧，於是其子孫盡然。今分居他處，亦莫不皆然。女則僅傳其子，至孫即如常，是亦奇矣。

凡性巧者能隨風會以擴張其業。去年剪髮風潮起，日本之理髮師乘時而出，每人索銀五角，諸剃髮匠咸驚惶。東城玉津園之剃髮匠獨遍發傳單，自言於此研究有素，客苟有志於斯，但須銅元三十枚。倘不合意，願將原資退還，免使利權外溢也。於是至者雲集。

錢塘戴君言，前七八年時，皖之懷寧知縣某，時至府署與太守討論公事，晤談既毆，形跡胥忘。二人皆癖於鴉片，一榻橫陳，雙槍對舉，幾夜夜如是矣。一夜，懷寧令偶談至快意，不覺起立舞槍而言，失手一揮，而太守二齒竟為碎折。令大驚，亟請罪。後不知如何了也。

杭人俞姓至京偶拜一客，素不相識也。至客座候久之，忽一人衣冠入，俞以為主人，即拜。其人亦亟相答，蓋亦外客與主人初往還也。頃之，主人便衣出，二人始悟前誤，咸惶窘。俞匆匆出，與其僕登車，行可五六里，僕睹御者面，覺非向人也，視騾亦非是，又視車亦非是，急白主人。俞大窘，知必誤乘後客車也。亟驅返，則己車故在，後客正與喧問也。

江西初辦鐵路而苦無資，有寧波人李姓者，自言能集華僑款數百萬，並於合同聲明，如查係外人之款，則願罰若干。故疑之者雖鄉，以罰款之重，不能致詰也。然李即寧波商人李厚祐之弟，素無名於商界，所得家財，大半用罄。此款云係僑南洋寧商之款，顧寧商僑南洋者甚鮮，安有是。種種皆足令人致疑，事遂罷。年餘，又有某洋行買辦胡捷三介紹鉅款，亦謂出之華人，然事蹟奇詭，大為反對者口實，發之於《中外日報》，致大起爭競。後卒以爭之者眾而罷。顧余嘗於某人處見其合同，則實可異也。中有一條云：「如十年內不能查非華款之實據，即應作為股東，同享利權。」余謂某曰：「觀此，安怪人言。豈有真華款而作如是語者乎？且如是，則較之借洋款為甚。」其人默然不能辯。二事並有實據，江右人至今能道之。或曰：「彼合同如是，獨不畏查出後，吾國照合同辦乎？」余尋思久之曰：「是外人蓋以能入股為重，若續借，則以股份多而得專其權，則更得計矣。」或又曰：「平常借洋款，彼利益無算，今只得平常股東之利，彼甘之乎？」余曰：「是吾不能知也。顧有一說焉，外人之算計此也。吾恐外人此等行為非對於我而為之，對於他國而為之也。直看到數十年以後，萬一吾國有不能瓦全之一日，而各國將計其權力以為分。而中有一國，於此省鐵路有若干權利，於彼省鐵路又有若干權利，則較之余國為有辭矣。故為此者非為目前也，為將來也。」

有至洋行定貨者，一人書紙，請定某貨。主者謂宜用我之定貨單，其人書與之，而索回前所書。時諸事坌集，主者甚以為煩，嗔叱之，他商人亦顧謂此人多事，何必索此。久之事稍閒，主者乃謂眾曰：曩者某君實非誤，余一時躁耳。天下豈有定貨而出兩單者？眾乃爽然。（按：此事極小，亦足見中西人程度之不同。西人雖偶失之躁，而不欲沒真理，必白之而後快，若惟恐誤人者。而我諸華人不知以理為衡，而動於強者之一怒，輒將傾徙以就之。以是性質而欲獨立於世界，難矣。）

癸卯，余居申，偶見廣告，知圓明園路外國戲園方延吾國曾至美國賣藝之朱某演藝。此事雖小，然是園以華人演，余惟此之見，而外人之佩服吾國藝業，亦惟此之見。因遂約友往，坐余前者一貴遊子弟亦與余識。朱出奏技，西人觀者無算，拍掌聲若雷，余亦欣快。此貴人子弟乃懊惱曰：「原來只是吾國舊戲法也，乃騙吾數元去。」

有飲於上海之曲中者，忽一西人闖然入，座客愕然。顧此西人乃作乞憐狀，妓主人曰：「近時有之，不知何國人也。予之金則去。」一候補道聞言，遽出銀一元畀之，遂去。咸歎曰：「洋人作乞丐，亦大佔便宜也。」

前十餘年，上海初出《遊戲報》，載居民拾得路人巾裹，守候其人回付之。裹中大有銀鈔，其人謝之，不取也。已而有天主教之西人見此事，亟函《遊戲報》館主筆，問其人地所在，且曰：「此等事在吾西國必大宣傳，大小報紙必皆登載，人人稱頌。乃貴國如此寂寞，僅見貴報，亦不詳其名，何中西風俗之不同如此。」

又庚子有自北省逃至上海之難民女，至大馬路南誠信煙室，向煙客乞錢。一客與之獨多，次日亦然，且與之有戲色。女端然曰：「客無然，吾今雖乞，吾良家也。客惠我甚感，若竟別有在，請反前賜。」客悚然止。此事見《繁華報》。余驚異，欲遣人物色之。遷延不果。合上二事觀之，則吾國好善心之淡漠，良可異也。

揚州鹽商某，積資至三十萬，性極吝。年七十，眾謂此番生辰必宜有以相餉，某唯唯。乃預戒販雞鴨人曰：「某日吾將請客，可以晨來，吾自稱量。」皆諾。是日來者紛集，而某不出，使人勞之曰：「主人以汝輩遠來，不可無以相餉，各與麵一碗。」眾喜食之。久待猶不出，午又各餉麵，眾又食之。逮暮始出，則雞鴨屎尿全下，斤兩乃大減。某平生事類如此，今七十餘，猶自出買菜也。此事許九香觀察說。

許君又言，先時在家，嘗勸豆餅出口者，每餅捐一文，為賓興及諸善舉費。眾皆諾，一富翁乃不可。許曰：「君何為若是，今眾已允，而以君一人敗大局，何苦如是？」此人曰：「君殊不知為我計。彼等皆小戶，貨少，歲捐只十餘千耳。吾貨獨多，歲乃五六百元，吾安舍是。」許曰：「君為善事，則至君以及子孫，歲均得捐五六百金，不亦善乎！」某曰：「吾安能保子孫能如是哉！」

許忿其言曰：「即不然，君助善舉多，子孫即零落，少者可入育嬰堂，稍長入義塾，老者入養老院，婦女則入清節堂，何不善之有？」某恚控官，謂許勒捐，官嚴斥，將治以阻撓善舉。某大懼，轉使人求許言和云。然距今不二十年，此人子孫果已零落矣。

郭小汀部曹言，鄉人以饑，群設廠施粥。一富人亦使人潛往取粥，為主者所聞，則留其使，以佳器盛粥，媵以小菜四品。次日，自往謝之。因言君乃食此，是於意甚厚，宜出數百元為廠之光。某恐發露其事，乃出金如數。

上海浦東高橋地方之陸家，自元明以來舊家也。屋七八百間，並小有園林之勝。發匪首領某據之。匪平後，陸之子孫歸視，狼藉不可言狀，惟牆上忽留一聯曰：「山大能容虎，水清不見魚。」一或謂中適嵌「大清」二字，意士人陷賊中尚不忘本朝，書此以見意者。余家舊居杭之館驛後，在振綺堂老屋之西偏。道光中，俞吉庵先生館予家，嘗畫梅於壁，亂中亦為賊踞，後此梅乃宛然無稍損，大似有意存護者。後賃為官邸，輒被刮剗，是官尚不如賊歟？

北京煤市街有陽春居者，老肆也。已而肆夥數人啖主人得利，即分出為某店。前年肆中一夥，本主人之戚，忿諸友多欺主人，一日忽自破腹死。報諸警廳舁之去，以藥活之。訊以故，堅言無他事，惟願死，遂揭傷處而沒。東夥均不被其累，亦異矣哉。

去春，京中雪甚。一日正雪意濃密，之頃，有十五歲小兒坐手車行北城，曳車者亦才十七。坐車之小孩忽託言欲溺，入廁中，又呼曳車者入，遽欲雞姦之，剔搦良久，二人咸狼藉滿身。適一十歲小兒至，見其狀，乃呼員警拘二小兒去。又有十二歲男孩，被十七歲女孩誘之強姦，至出血，歸哭訴於家，亦控警廳拘治。二事相距才十數日，亦異聞也。

近來麻雀牌甚行，男女雜坐，不以為嫌，因而涉及溱洧者有之。京曹某君亦酷嗜此，有客同嗜者至，輒曳入局。不足，則使妾出足之。顧不能無妨，則以板午隔棹下，使足不能相觸。噫！用心亦苦矣。（按：午字，即十字花之義，見《周禮・儀禮》。）

十餘年前，余在申，偶呼人力車，與錢，覆之，多一文，以返余。此事當時余殊不覺異，後思之乃驚為難得。又，余友徐芷生部郎，車中遇丐者，與一文。車夫曰：「若輩壯而惰，不事事，君與之錢，適長其惰。」噫！此名言也，而不意出諸車夫之口。

或行於京之後門，有得鴉雛者，母鴉隨而噪，聲甚淒切。或聞而悲之，請其釋此雛，再三言，不可。曰：「吾晚餐乃恃此。」久之，母鴉猶追鳴不捨。或請以錢贖之，此人乃曰：「此無與汝事，吾必食此然後快。」劉君後告余，甚恨其忍。余曰：「昔桓溫伐蜀還，有捕得猿，係諸船首為弄，母猿緣岸叫喚，終不釋。久之，船偶近岸，母猿一躍上船，大叫而絕。剖視之，腸已寸斷。桓溫惡其人殘忍，令科罰。」此亦古人科罪之有意味者也。

都城西山之翠微山有八寺焉，中惟焰光寺與靈光寺已鞠為茂草。今靈光已修復，改為重興寺。或告余庚子聯軍既入，有拳匪餘孽匿翠微，居焰光者居多，靈光次之。拳匪無所得食，則以近村富人韓姓至，勒出萬金。韓請滅，不許，竟殺之。韓之妻子擬控諸所司，知不可恃。或曰逕入城控諸洋人較佳，則果以兵隊至寺前，匪猶高臥未知也。聞槍聲一排，乃驚起，倉皇出禦，盡被殺。且曰寺藏匪，亦宜毀，遂燼焉。一塔甚宏壯，槍炮均非宜，則以火藥轟之，今惟存瓦礫矣。餘怒及靈光寺，亦毀焉。

聯軍將至，駐通州之將領懼，顧無計遁。皖人方長孺者，將領之至戚也，願代任斯職。大喜，遂棄軍去。方領軍則奸掠極無狀，居民恨甚。洋兵將至，咸赴訴，乃圍而殲之，無一人得逸者。是時余在申，見南京人丁二仲，其兄為營中文案，亦死是役。以上二事，其吾國自相殘殺之一端歟？

銀行之例，午後三點鐘下鑰矣，雖有大匯款至不問也。近日海軍處將匯購船價於英，其數為四萬磅，部員至匯豐銀行，已過時矣。行之買辦曰：「時已過，須明日矣。是無如何也。」某悵，自咎遲緩而已。比及署，則匯豐之大班適至，大怪。問何事，曰：「貴署匯款事也。以今日金價稍平，過是恐益高也。」某大喜，且愕曰：「貴行非過三鐘不辦事乎？」曰：「誤矣。所謂三點鐘之限者，平常之牌子如此，若要事豈以此限？實則吾輩終日辦事也。」某乃與之交接，事已妥洽。而華人之為買辦者，尚未知也。

己酉，國喪禁戲，而梨園子弟實不能枵腹以待，而以園屋為業者則往往以演影戲為度日計。久之，乃請於警廳，但唱而不舉大樂，不塗面，不著新衣，然觀者不多。已而則遇戲劇中本用喪服者，則仍掛衣；有時全戲皆不掛衣。忽一二人獨著之，或小戲中花旦獨著衣，正似頹垣敗礎中，忽現牡丹一朵，極為可笑。後則雖有說白清唱之名，而一切如常，但不用鑼鼓而已。上海則租界中各園不能盡如教令，嗣以官場極力相爭，卒至藉外人相抗，三日後即演戲如故。於是與南市之戲園相去不數里，而喧寂頓易。雖各報有以為誚者，然生計所在，安能盡以苛禮責之。逮持之過激，而以外人為盾，此固不必盡咎若輩也。

去年，有張慶麟者，忽登報為失其磁瓶，且謂係其馬夫之友，曾在瑞中丞[1]處為馬夫者所竊。瑞公已移督湖廣，命查之，乃無此人，遂已。張乃騰書函各報，呶呶不休，大似欲與制軍尋釁者，其事殊不值一哂。（按：瑞制軍群從中，前二十年在申，頗有與無賴為伍，事狀亦多。制軍為江海關道，頗有謂其即前人者，謀攀援者不一，尋知非是，廢然而返。猶憶張文襄督粵時，一老尼踵門

[1] 瑞澂。

請見，自言與文襄為前生夫妻，今生必須一面。拒之，則坐大門，喃喃誦經，逐之亦不去。後經兩縣遣差役驅之，始去。此尼亦夙聞文達撫蘇，頗禮僧尼，謂文襄必與同，乃以此術進。今張之為此，得無是歟？）

都城風氣漸變，多有坐手車入署者，惟大理院及審判廳乃不可。嘗有坐手車出者，一案中人直前曳之曰：「署中傳我來，何又置不審，請示我。」曉諭良久始去。

近來戲曲盛行二黃，內中腳色復以老生為最貴重。前數十年群推程長庚為絕響，近來則汪桂芬、譚鑫培齊名，然二人聲價絕高、汪性尤劣，往往受人重聘而延不登臺，以此涉訟屢矣。譚亦自高位置，班中每日演戲外，如有堂會戲須其登臺者，每齣須五十金，兩齣則百金，尚須主者夙與聯絡方肯至，兩齣而止，不能增多。近楊蓮帥[1]為北洋大臣，酷好觀劇，偶聞譚至津，一日與某鹽商言，欲得譚入署演劇。往請之，不可，曰：「吾來津以遊故，安暇屑屑為此？」固哀之，猶不可，然某鹽商以取悅大帥，乃求與譚友善者更往，譬說萬端，類乞其垂憐者，並許以千金，乃許，然僅一齣而止。蓮帥大悅，賞八百金。計是日所得，都凡一千八百金，吾國蓋未始有也。聞者咸咋舌不已。

[1] 楊士驤，字蓮府，一字杏城，謚文敬。

聞常時浼譚者，若不得當，則必往求其妻並其長子，復須別有賂遺，故即賞金亦不止五十金也。

京中人喜譚之唱殆有奇癖。中和園號為譚所開，時有署譚名於戲招而不上臺者，顧人終不以其失信之故而下次為之減少，並有謂若譚死願以身殉者，亦可謂奇矣。

或諷譚絕人太甚。譚曰：君殊不解事。使吾聞召即至，人將賤視吾與常優等，且東呼西喚，奔命不遑。孰若示人不可近，使人俯而就我之為愈。且質言之，此等歌曲實亦何足聽，若日聒於人耳，人且唾棄不暇，故與其隨人以招厭，無寧自高以取重。

吳□□者，浙人，為天津阜康夥。阜康為杭人胡光墉所設，吳遂冒稱驕子，莫之辨也。有陳某者，存鉅款於上海朱氏所設之華裕豐號。陳死，吳覘知其家無人，乃偽為陳生時借俄人老滿之借券，俾老滿控之華官，欲提存華裕豐款。時華裕豐已盤與徐雨之，不肯付，曰：「陳氏人來取乃可，他人不能竟取也。」後李文忠查知吳與老滿之奸，遂捕吳付所司治罪，而以老滿交領事。領事遽解老滿回俄，斥之出俄籍，後乃入華籍。吳發軍臺，善攏彼中官場，乃居住自由，此辛巳事也。至癸未，乃突以三品銜同知充新疆委員至津。時張靜達代理北洋大臣，吳翎頂入見。巡捕猶舊人也，私曰：「此前年赭衣出口者，今乃衣冠來乎？」靜達微聞其語，既詢得其故，則大怒，復充發新疆。後又回津。吳奸詭百出，乾沒法商人鉅款，又庚子乘亂大有所獲，累至五六十萬，竟居津為富人。

戊戌、辛丑間，天津忽有假租界一事，為源豐潤司事皖人詹丙生及蘇人彭氏之婿錢某並浙人錢丙渭，於毗連租界之地名西開者，造房六七百間，中並設巡捕房，有犯事者輒由公堂科罪，因官商鉤串為之，大府竟為所蒙蔽。在華人以為係租界，莫敢過問；在西人又以為華人之地，莫之理。久之始敗，其屋則半為詹某抵帳，餘亦為各人分去。時王文勤[1]為北洋，事皆姑息，竟未窮究。

餘杭一相士，覬一富人郎某之金，顧無術得之，已忽得奇策。郎攜其兩兒至其處，兒貌尚秀。相士乃潛以小旗刀劍之類，潛瘞郎祖墳中。一日郎又攜兒至，相士視兒若甚驚者，曰：「賢郎之貌殆非凡品，平常富貴不足擬之，意君家墳山風水必有異。堪輿某君精此術，盍與之往觀。」如其言，遂三人同往。堪輿者亦大稱葬地之善，曰：「竟得龍穴，真奇事。試掘墳前地，必有異。」掘之果得旗劍等物。二人遂交諛郎，謂必登九五。郎本無識，遂入其言。居鄉里間頓自岸異，以堪輿者為軍師，歲與之二百元。相者忿然，乃問所以處己者。郎本未奇相士，然亦以為副軍師，歲百元。相者大恨，乃首諸縣，縣不審是非，即率人往攻，盡殺其家男女二十八人，亦慘甚矣。

五大臣[2]之隨員某，一日偕譯人赴英肆，曰，欲得最佳之梳篦包。肆人出一具，乃婦女用者，嵌鑽珠無算，云須六千五百磅。譯人乃云，彼所須乃男子用者。少頃，亦出一具云，此非最佳者，

1 王文韶，字夔石，謚文勤。

2 一九〇五年（光緒三十一年），清政府派載澤、戴鴻慈、端方、尚其亨、李盛鐸五大臣赴歐美各國考察憲政。

若嫌未善，則明日當以佳者至。然此人初不意價之巨乃如此，無已，與譯人商，故謂其式不合，乃購其百餘磅者怏怏而出。

又一歐陽某，住逆旅中，忽欲鑲牙，因使人召之來，逆旅人則請最高者至，造型配質，往返凡三四。既成，以價單至，則需百五十磅。大驚，問諗彼中事者曰：「豈英倫配一牙至一百五十磅歟？」曰：「孰使汝不自往而迎之來也。」往與論列，醫曰：「凡來吾肆補牙，固有定價，若請吾至家，則不以此論。須知吾在肆，每點鐘必可得利若干，今費吾若干時，吾必照算之，非謂一牙之值須如此也。」辯論再三，乃與以百二十磅而罷。歐陽位分微，月給不多，此百二十磅已去其薪水之半矣。

余聞馮令之同年言，法部有鈺麟者，某旗人，今年六十有二矣，由吏部筆帖式積升至郎中。當光緒十五年，御史屠仁守（號梅君，湖北人，同治甲戌進士，由翰林官御史）以內府屢興土木，上書極諫，引乾隆中聖訓，有「三海宮室具備，後世如有增飾即非子孫」之語奏上。孝欽太后大怒，斥回原衙門，仍下部嚴議。時徐桐管吏部事，鈺君以郎中掌考功司印，檢處分例三條以上：一議革職，二議降三級，三議降二級。徐擇定第三條用之，議上。太后謂輕縱，復大怒，並罪議者，於是徐得革留處分，而鈺君與同司主稿某，以承辦司員罪至革職。此事始終由徐桐主之，鈺與某君大冤，而無可如何也。旋北洋創設海軍，鈺以徐桐力得往投效。甲午敗後，海軍衙門即裁去。先是鈺嘗充神機營文案，至是由神機營奏保開復原官。二十六年選盛京某部郎中，甫到任而拳禍起，奉天陷於俄，踉蹌而歸。歸則京寓錢物盡失，屋亦全毀。其家舊住西什庫左近，受害尤烈。事平，盛京五部又被裁，然舊制曾任實缺人員例得分選各部，乃枯守以待選。久之，吏部新章行，選缺盡停罷，益無以為計，始於三十二年呈請分發，以郎中掣分刑部為候補官。噫！若鈺某者，殆所謂鈍人歟？

聞去年資政院議新刑律時，或謂同是婦女何以處女孀婦乃無罪。某曰：「譬如娼妓接客，亦豈能論罪？」駁之曰：「此是一種醜營業，安能引以相比？」後登報時覺此語非妥，乃刪去。又議刑律時，有人引《論語》：「君子懷刑。」某君曰：「吾但聞『君子懷德，小人懷刑』，安有『君子懷刑』？」或潛告以誤，乃止。新刑律及民法雖亦由法律大臣鑒定，然起草一切皆館中三五人為之，名為留學法政學生，實多未入大學堂者。至主持此事，若汪某、楊某則並未畢業，徒以氣概壓倒一切。於是以改正法律絕大之事，皆此數少年為之，欲全國通行，奉為圭臬，難矣。

前時達志甫侍郎（壽）至日本考察憲法。伊〔藤〕公爵謂之曰：「吾國憲法為天皇親裁，顧天皇不過受成而已。起草之事付予一人為之，館即設於宮內，故無龐雜之弊；若設於外，則參酌之人必多，異論蜂起，事不易集，而流弊滋甚。貴國宜亦如此為善。」

聞西人論吾國事者，極謂吾國不必練海軍。大略謂今日列強海軍之精，已至極地。他國即極力學之，必不能與戰，徒為彼吸收而已。倘果欲辦，則非能與英之海軍並駕不可。試問中國有此人才，有此財力否乎？

法人伯希和得甘肅敦煌石室之古物至京，京朝士大夫多與遊，伯語及石室中剩物尚多。或曰：「當電託彼中官場致之。」伯哂曰：「吾輩萬里辛勤，僥倖乃得此，君輩乃欲一電致之乎？」

柯鴻年在京漢路為譯員時，松中丞壽偶有所諭，柯輒瞠目曰：「我烏知所謂撫臺，我惟知外國工程司。」松恚甚，竟無如何。柯在事數年，贓穢狼藉，購地包工，悉有所進。後唐少川為京漢督辦，斥去之。然已為富人，今在申與鄭蘇龕京卿合辦日輝織呢廠。

瓊州北海口搜查出洋傭工人等，歸稅務司派理船廳辦理。每次華工輪船出口，須往查點人數，並查有無挾帶誘拐，及火食與救命器具是否足用，事頗繁重，曾遞稟總稅務司請求津貼。當經批以此事向由地方官之命，津貼亦宜問地方官，乃稟請督院核付云。又英領事到船查點人數，每一點鐘向收使費七元五角。副領事官因陪同到船查驗，並無多事辦理，每船一隻亦收使費十三元。

向來教堂買地契紙，均書賣主某將地賣與某為教堂公產，不得寫買主之名並隸屬何國。近德之駐粵領事要求，凡德國教士所買地，須書明德國某某會購置字樣，當經粵督駁斥不准。

吾國商務向亦擬於各國商界得占一席，然識見實大不足。即如俄日戰後，商家鑒於庚子燹後各貨之暢銷，遂定洋貨無算，不知今昔彼此情形之大不同，遂致折閱。又乙巳學界方鼓動抵制美貨，而營美貨者以為以後美貨不復能來，即發電定貨過於往年。後來以定貨不出，大受困難。又上海租界地價極昂，顧電車既開，則地價自平。西人知此，即不復放手買地，而華人乃昏然續購，悉成虧蝕。至上海為吾國中心點，無論如何，商業必不能敗壞，今之蕭索，但一時事，而華人但見目前即欲賤售其地，不可怪歟。又若橡皮公司明明奸人所為也，其地與公司並不知何在，而華人但見股票驟漲，即爭購入，致大虧倒。可痛亦可笑也。

前時有一候補道見某銀行總辦，言能為彼索得某省開礦之權，請以十萬為酬。總辦許之，且深致殷勤。數月事成，因復往謁，欲理前說，總辦不見。再三往，始見，嚴問何事，因曲致本末。總辦愕然曰：「安有是事，殆君誤憶乎？此事固吾力所能得，何假於汝。意嘗言以千百金酬汝，則或有之，安有如許鉅款？」某慚惱走去。此事個中人言之，殆不虛也。

商約禁嗎啡入口，此中人乃乘未宣布時，溝通華人之業西醫者定貨無算。已而某國訂約者謂，須俟彼中已定之貨到上海始得禁，不得已許之，於是前之私定者反大折本矣。

近聞桂中匪徒稍有資蓄，即不欲冒險，舉家居港澳，轉以新槍潛售舊時徒黨，以為營利目的。斯亦見若輩中真相矣。

漢人入蒙古境營商者，常欺謾蒙人，蒙人亦時賊殺漢人，積恨久矣。敖罕王有山，禁人樵採。漢人李某嘗出其子，子不得食，竊樵禁山，被捕得。李請贖之，索五千，李許二千，不可。李漸增至四五千。時使人往來遲延，比至已被殺矣。李大怒，乃散家財募人入會往報仇，名曰小耗。旁近漢人怨蒙古者悉起，隨在焚殺，自敖罕至東土默特、奈曼、賓圖、喀喇沁、翁牛特皆被禍，死者數萬。時漢人以積忿氣勢甚猛，一童子輒能連殺蒙人。敖罕王全家三十餘口得脫者僅數人。執王，刳其腹，實以草，焚之，狀至慘。後蒙人控之京，令大員查勘，頗減輕情節，僅殺為首之某及從犯數十人而已。此光緒十七八年間事也。

近凡放交涉使者，皆拜外務部堂官為老師。此等積習蓋非一時所成，緣向來部曹得京察者皆拜堂官為老師，外官得保舉者對於督撫亦然。今則愈趨愈濫，至渺不相涉，但一奏保即爾拜門，格愈卑矣。又京官向來最重風骨，故習氣不如外官之重。從前惟戶、工二部部曹，事上官頗卑諂，工部尤甚，至有站班請安之舉。潘文勤[1]為尚書禁之，然各官惟潘堂入則謹避之，餘則如故，足見陋習之難改矣。庚子以後，新衙門以次成立，而風氣轉降。初立商部，以堂官為振貝子也，司官乃自稱

[1] 潘祖蔭，諡文勤。

章京。甚至袁慰帥在北洋時，陳璧已為侍郎，至天津見袁，猶下官廳，見時自稱章京。蓋趨利伺便之心盛，他皆不顧矣。又如向來凡門生官驟進，適踞老師之上，則以紅氈拜於老師之門，名曰「拜斷」。為老師者則亟稟見，繳向所收門生帖，於是師生之名一筆鉤除矣。又兩人結異姓兄弟者，一人既貴，則一人必請以門生帖易回從前之帖，其顯然勢利如此。

駐各國使臣消息不靈，與本國外部聲氣不相通，蓋無如我國者。故從前使館初設時，各報館新聞記者時來探吾國事，譯人甚以為煩。久之忽皆不至，怪究其故，則諸記者以來吾國使館訪事，十不得一，即偶得，亦往往已為彼所知，故不復至，以為徒費工夫云。

漢陽鐵廠自李一琴部郎任事後，始而整頓，繼而擴充，著著進行，遂為東方唯一之大鋼鐵廠。外人來者無不嘖嘖稱頌。而尤得意者，則以與美國訂每年售若干萬噸之合同也。先是李君假考察為名至美，力言漢陽鐵廠煉鋼之善。有某大商家聞之心動，李因約其來華察視。某至漢陽見之，乃大驚曰：「吾輩初亦聞此間鋼鐵之善，顧不料規模之宏大如是。」然某不敢自信，回國復約精於鑒別鋼鐵者數人來華觀之，則皆稱其製煉之精，乃以數十噸運美試銷。不意美人富於保守性，咸相顧不購。其不購也，非有何命令與契約也，不過美人性質如此，且未審其佳惡，姑置之耳。某大商家乃思得一奇策，即登一廣告，募人承造輪船，下注明曰：「如欲承受此事者，船上所用鋼鐵事件，必用中國漢陽鐵廠之材料。」船廠貪圖生意，不能不如所言。逮漢陽鐵廠之鋼鐵到美，美人視此為唯一之新聞。凡其事業與鋼鐵有關者，莫不十分注意，且多至船廠驗視者。逮至船成，始知此項鋼鐵不特質地極佳，且價反較之美貨便宜，於是群思購用，而每年訂購若干之合同於以定。廠中出貨除售與美國外，又承造六省鐵路之鐵軌，現尚求擴充之法云。惟津浦路以前與德人所訂合同，聲明免進口稅，而漢陽之貨反須徵稅。於是同一材料，一則以外國之貨而無稅；一則以本國之貨運至本國境內，而轉須納稅，此亦足令人不平者。

我國於外人入籍之法尚未確定，而郵傳部中之工程顧問法人沙海昂獨首請入籍。人初不解其故，今乃知其已於西直門外京張鐵路旁購置若干矣，又京漢路旁亦購地矣，而向來之權利一切如故。眾乃悟其入籍之故。

近年鐵路交通，漸有精潔旅館設立。然為此者大率皆桀黠，力能劫制官府，魚肉良懦。漢口有迎賓江館，亦是此類。其門口輒敢懸虎頭牌，有「旅館重地，毋許喧嘩」字樣，地方竟無敢問者，亦可怪之甚矣。

京城娼妓本干例禁，南城妓寮皆私設也。自設員警，乃公許開設，而抽捐以充警費。有清吟小班、茶室等名目。於是向之貼「紅福」、「百順」等名者悉改為某堂清吟小班及某某茶室。聞首改換者以其為明許也，輒大書奉憲（或云並非憲字也）設立清吟小班。或阻之乃止。噫！閭巷鄙夫無不懷奪席之志，稍一不慎，即冠履倒置。世有誤會平等之意，而致教猱升木者，其亦稍加意乎。

近來優伶以新黨屢言泰西重視優人，遂稍與善舉，遽欲與衣冠齊等，輒自名為藝員。不知既以娛人耳目為業，而其操術又極卑下，遂欲援一二不根之說，欲人尊己，吾國所謂新者乃如是耶。

近有霍力士大獲名於上海，常與美之力士約比力。已而美力士不至，乃罷。後聞美力士聞華人搏時用足，又有手點穴之法，而西人無之。與霍言，欲捨此二者乃可。霍以此傳之師友，不能捨己之長，以短與人角，因此遂罷。

去年，有伶人在京演新劇者，為留學生，乃言「吾輩留學數年，今留學未畢業者均躐為大官」。座客有群吹唇簌之者。噫！彼一真留學生，而為戲中之留學生，又以戲中之留學生而為真留學生之語，諷座中之留學生歟？抑聊洩胸中之不平歟？亦可醜矣。

蘇州前因皖賑演戲，某醫院兩學生亦赴演。演一暗殺，乙持真刀直前，甲竟為刺死。後經官勘，則謂甲乙演習已久，而是日甲衣中護板等物脫落，致遭意外，遂以此結案。近有人謂此案實大有疑竇，蓋此齣之後，有一齣暗殺案亦定甲乙演，劇中行兇者係用槍。或潛視之，則槍中實彈焉。又檢甲身畔有金鋼鈕，西國婦女用物也，則案中顯有別情，不知後來何遽含混了局也。

漢口洋人踢斃車夫一案，其中最要之處則在仵作報無傷一語也。因此愈無以為詞，而遂坐曲於華人。惟漢口輿論堅謂實係踢死，而仵作所報如此，以致外間疑謗群興。或曰，是有故焉。其不得傷痕之故，實緣仵作之未精嫻，非有他也。聞乾隆間鄂省亦有人為人踢傷下部而死，驗之無跡，官不為理。然死者家有勢力，屢次京控。官不得已，擇死囚，使人踢死，驗之，傷乃在牙。遂平反，且存案。今鄂之官吏不知有此，致沉冤莫雪，交涉為難，可恨也。

去年，鹽政處派人至各省考察鹽務。浙之甲商以鹽商艱困，請鹽價改錢碼為洋碼。時至浙者為晏安瀾，乃請於部。許之，而甲商周□□等乃假此以圖利，捏稱所用運動費至十萬之巨，因攤之散商。此事散商不知，晏亦不知也。已而鹽運司衡吉知其事，乘機索之，得四萬。衡之落職蓋亦由此。晏後聞其事，甚怒。或勸其檄浙中究其事，而晏畏事，蓄縮不敢，僅罷一衡吉而已。

向來借款皆書明九五扣，甚至有九扣者，不知者以為此即經手人之利益，不知銀行指此為印票、登告白及專人辦理此事之需。萬一股票滯銷，仍須扣折售去，故必須折扣。其折扣之多寡，則視事之危險與平常及抵當物何如為斷。若經手人於中有無利益，則存乎其人，然非折扣之皆歸經手人也。

李德順為津浦北段總辦，穢聲狼藉，購料取扣無論已。最可怪者，竟預估全路應用之料件，悉向德廠訂定。如此，則回扣皆為彼一人所得，真奇想天開也。

聞李亦有被人所弄，致受虧不能言者。蓋李收貯物件絕無規則，於是付洋行之款已付收條後，或有夙與洋行說通，至李處將洋行所付收款之收條竊出，仍令洋行向李收銀。李覓收條不得，惟有重付之一法，無從開支也。（按：歐美等國為法治國，則凡此等憑據皆為必要之物，故付款必須付收條，而收條必須藏貯勿失。吾國性質散漫，輒至遺落，或存放無一定之處，致一時不能尋覓。黠者知其然，乃姑開帳重行收取，若不能示以收條，則勢不得不重付。）此事西人未必為此，惟一種曾至西洋又熟華習之華人則不免覥顏為此。余在申，有牙醫生來收款，余付之，掣取收據。無幾，復來取，幸前之收據尚在，取示之乃已。此事誠為無恥，然重收彼可諉為偶忘，或謂〔與〕另一司帳者未接洽，致有此。若無收據，則彼乃可以不付款控訴，故敢冒為之。故西人購物付款，必須取收款之據，非若吾國之可任意。此亦法治國之流弊也。

近報載四川新繁縣人吳虞，曾留日學法政，畢業回省，充各學堂法政教習。一日忽發傳單，歷數其父過失，眾人大駭。經諮議局糾舉，又經川紳周鳳翔等稟控，經護督王公飭檢察廳起訴究辦。風俗之墮落至此，豈不可歎。

又四川陸軍公園以四十元在勸工會買梳粧檯一具。陸軍乃專有公園，且買梳粧檯，真奇絕。

英之小學生近惟禁擊腦耳，非竟全禁體刑也。而調查者將此事抹殺，於是小學堂之約束學生愈難矣。

近報載，交通銀行於鈔票之已經塗抹者不肯收用，不知然否也。按此於營業極有礙。滙豐、道勝等則無論如何塗抹亦收用。聞歐洲國家銀行無論鈔票曾遭水漫漶，或置衣袋中，洗衣時忘取出，致漬濕且揉皺，然但能辨為確係本國鈔票，並能辨為若干元，亦即與之。若經火者，但須紙形可辨，亦無不付之理。蓋不如此不能昭信用也。近正金銀行之鈔票若裁半往，彼亦可付鈔票所署數目之半。其所以為招徠計者至矣。

都城近年修理街衢，清潔溝渠，遂與前此有天壤之別。因經費未充，凡大小胡同之街榜，未及悉造，又不能令巷中人公率錢為之，於是，有資歷者或以營業所關，自捐資為之。於是跬步之間，華樸頓異。如東堂子胡同與民政部街相距才里許，而以外務部與民政部之差異，其胡同之牌樓乃大異。又如金魚胡同為那中堂[1]住宅所在，華麗與東堂子胡同相等。至於各胡同之橫榜由胡同中之大公司或他商店造者，輒以公司或店榜置於街額之下。此實非體，而外人所設店肆亦從而效之，如裱褙胡同忽施丹漆而施直榜。且外人於租界外設肆，未明許也。都城各處以庚子軍務之故，未能撤耳，何忽許彼施招牌於街額之下乎？又外城之韓家潭，大率營業不正之人所居，而所建街額仍書

[1] 那桐。

「眾紳公立」四字，而莫有問者。是雖細故，然亦見行政之少精神。

以小白紙為名刺，非吾國制。留學外洋者或不得不如此，否則實不必用。若用之中國人無可為說，用之外人彼不過笑吾國人好學外人而已。惟既用之則亦宜究其式。外國用名刺；大小亦若有制限，最小者乃娼妓所用，而吾國衣冠中乃用之，何歟？

又國喪時用白紙名刺尤可怪，蓋外人執喪必於名刺四周用極粗之墨闌標識，平常之刺則吉服所用也。今持國喪而用外人尋常之名刺，彼不笑我糊塗，必以為我不服國喪，此必然之理，不能以吾輩不解外人語，遂付之不知也。

居租界者衣服詭異，既無人足以禁阻之，而不意轉蒙斥於賤豎。聞凡洋服者乘車必須增值，否則不應。其餘購買物品亦多如此。余嘗行過法界之三茅閣橋，有小兒數人噪走曰：「打假洋人，打假洋人。」蓋適洋服者過，小兒輩怪而逐之也。又一日薄暮，有一洋服者過四馬路，見路旁妓，輒出手批其頰走去。路人群詬之，曰：此種人不知自命何等，著外國衣服輒肆橫於路。海上小報遇此等人，輒目為獅頭驢足之流。蓋謂其剪髮如獅頭，足著黑襪若驢足也。亦可謂謔而虐矣。

壬寅，蘇報事發，當事者檄拘其人，而依例先解會審公所。中一人則西冠而服道士服，時會審者為德領事，睹之甚怪詫，遽叱捕強使跪，且謂汝中國人何著此等衣冠。（按：西官肆橫，半為爭權，而此獨非是。蓋以異狀之猝接於目，不覺其出於此也。）

有辦交涉人員居上海，而僦一洋房居者。或戒之曰：此甚不可，蓋此等屋月租雖已甚大，而實下等西人所居，若外賓來，將為所輕。不如租一五樓五底之華式屋，彼轉不能有所低昂。與外人交接者不可不知。

西人最尊重舊俗，故雖千萬里外，英人則用英俗，法人則從法俗。推之他國，莫不如是。有太違異者，則同國人必群非之。蓋俗尚之從違，與其國家思想之濃薄極有影響，固不能不致謹也。

或有作超妙之談者，謂世界大同之日，自政教外，語言、文字、衣服、飲食及一切習尚將無不統一，然必以漸相就，則我之從西俗亦其宜也。此論誠高不可攀，顧吾恐各國自守其俗如故，獨我乃舉國成為非驢非馬之形狀，將復何如。

閩人魏季抒京卿瀚，余初聞其為船政學堂學生出身，後以辦船政與法人不合辭去。余頗企慕其為人。後聞其至粵，歷見委任，顧出入十餘年未嘗有所表見，甚至以一人兼八局總辦，事盡叢脞。前總辦廣九鐵路，向例凡付款必總辦及洋帳房均署名乃可，魏以忙故，悉託之洋帳房賴德，從而生心，肆意吞沒至七萬餘始覺。其法則以己所署名之紙向銀行取出，旋別立一簿，為己存款。後雖拘交港官，判監禁作苦工二年，而吞沒之款則不可復得矣。

京奉、京漢雖借英、比之款，然實吾國自造之路。既為吾國之路，則名稱等悉依吾國，何不可之有。乃當事絕不加意，於是京奉則以英里計，京漢則以法里計，而公司帳目亦英、法文各異。尤奇者，則兩路所用電報亦英、法文各異，假使有事，即彼此不能相通假。蓋辦事人之顢頇膜視，固無逾於吾國者。

近者又與外人訂禁嗎啡之約，按嗎啡之外，尚有高根，亦有醉性，後以日本公使不以為然，遂止。蓋上海之各種戒煙丸，非此則不成也。

初與英人訂商約，許其內地立行廠，不逾數月，而鄂、湘沿江沿湖之地幾盡售去，而咸以華人出名稅契，故莫有過問者。蓋洋商一聞此耗，咸怵他人之我先，故一時爭購。數年後，一湘中要員至申，聞某洋行買辦言之，忽恍然曰：「怪道某年湘中沿湖地買賣如此之多，原來為此。」

英人雖立此約，而一時不實行者，則以在英國之各廠家阻之也。蓋既在中國設廠，則工運並省，價必廉，而英國各廠之貨將無銷路，即各國商家亦同此意，故力阻之。或謂十餘年後，在歐洲各廠之機器漸舊，則恐仍將連袂來中國也。

江□□者，江西人，其父亦某省候補道，自謂嘗留學日本，乘都中新事業勃興，乃用種種名色為騙錢計。偶聞其一二事，錄於下，可恨亦可鑒也。江嘗設女工傳習所，招素為縫工之婦女至，月徵學費三元，三月畢業，尚須盡義務，實則僅租勝家公司縫衣機器三五部而已。此等機器，數日即可學成，而江不許其畢業，蓋欲強諸女工為作工也。然此等人皆恃作工為生活，安能久待，群起嘩噪，乃稍遷就之。又嘗設女工展覽會三日，來觀者人納銀幣一枚，而中乃空空無多物。有山西人洶洶欲毆之，不知若何了結也。又設女學堂，延一女教習，言明教功課二門，月薪四十元。後則二門者忽增為七門，又兼管理員，月薪驟減為六元。女教習之夫將大肆撻伐，乃增為二十元。冬則堂中間僅置一小火爐，而徵每人煤費三元，其他事大率類此，一時竟無干涉者，亦可怪矣。

江南模範監獄成，工程殆十餘萬。監房三榻，夜有電燈。日間許至房外散步，星期日有宣講師講說道理，使之向善。此等宣講師每星期則講一小時，而月薪乃百元。尚有可異者，聞諸犯樂處舊監，求勿遷模範監獄。蓋舊監之不便人者，湫隘穢惡而已，是非彼等所懼，而自由則達極點，苟使費不缺，能與彼等合群，則狂歌暢飲、吸鴉片、開賭悉聽其便。至資格已老之犯則更有利益，蓋向例新進之犯，須納規例於典史、禁卒及老犯。及資格稍深，便得分彼等餘潤，年愈深則得愈多，而內牢之龍頭，則利益尤不可思議。內牢咸禁死囚。所謂龍頭者即資格最老之重囚，已三次不見勾決，得以監禁終身者也。內牢諸囚悉聽指揮，無敢或忤。且有於獄中開小押當者，歲中貿易可數萬，故即赦令出，必苦求勿出。至獄中接眷入內同處，或竟娶婦，亦時有之事。女牢乃至賣淫。伊等度模範監獄必不能如此，故求勿移往云。又重囚須處決，則先自知縣傳知典史，由典史輾轉以命龍頭。龍頭知為差使到，則召此囚饗以酒食。此時囚始知將被刑，將出，飲以藥酒，人即昏迷，此為龍頭之酬報云。

審判廳既立，官民不相習，故笑話極多，而輿論咸謂新律太輕，不足懲奸。至鄉僻不知變法。苦於呼籲無門，而訟棍刁民已覷隙而得間，以施其向來刁狡手段，為可恨也。客自江南來者，述一田主送佃戶至初級審判廳。佃戶問官曰：「此間用新牌調乎，抑用舊牌調乎？」詰其說，曰：「吾聞皇上有恩典加吾輩。使不受昔日之苦，故特相詢。」官曰：「此為審判廳，自依新法。」曰：「既依新法，必須兩造對質，安能獨拘被告？」官不得已，翌日以原告之抱告與之對質。佃戶曰：「此奴隸耳，吾乃國民，安能與對？須原告親身至乃可。」官知會原告。原告以若輩本刁抗，今若此，更難如志，竟罷訟。

卷四　雜記

上海租界多特別之規例，久居其地者稍知一二。如行路者不得攜軍器，甚至達官之戈什哈懸刀亦所不許；婚喪不得行大馬路，但得經過；人死停柩不得過三日；外國人不得住中國客店。如此類者甚多。

各國律師，非經公堂承認，不得上堂為人辯護。

凡一案先經某國領事館中人會審者，則第二次上堂，亦須某領署人會審始可。黠者遇有訟事，乃預溝通某領署中人，則訟事易得勝利。此等大約小國領事等為之者居多，故時有煩言。

上海公共租界會審公所，凡發傳單皆不用英文。近英商哇活控義記外國成衣店，經英領照會公廨委員寶大令出單傳究，廨差照例將傳單至值年領事及英領事簽字，送至總巡捕房，請派探協傳。而捕房西探與翻譯以公廨傳單係華文，未譯西文，不肯收受。該差回稟寶大令。大令即函致捕房代理總巡麥高雲君，略謂公廨傳單，不論洋商所控、華商所控，向章由廨出單傳訊，歷數十年不更。今貴捕房西探翻譯忽欲將傳單譯成洋文送傳，實與向章不符，應請仍照向章傳究云云。

庚戌年，上海典商公稟限制小押數目，經總工程局總董議，向有押店之外，嗣後不准添開，經縣曉示。乃有翁治元者，將所開明和押貨歸併與淞興取贖，一面仍以明和牌號另設別圖。經田大令批謂：典當遷移圖分，尚須換請典帖，押鋪反可移徙自由，有此理乎。且此端一開，則凡閉歇之押鋪皆可將牌號轉售與人，而私押竟無減少之日，則典當盤替更無須照章取帖矣。事關國家稅課部章禁令，非自治所得干預，所請照會尤屬荒謬云云。

上海租界向不承認為引地，不允中國設鹽卡，不許中國緝私，故鹽官之權力不能至。惟各醬園似未知此，一律仍繳鹽稅。前數年浙江忽欲行官鹽於租界，為西官所阻，於是醬園始知之，繳課一事遂為難矣。

向來各路皆有總局有督辦大臣，月薪一千二百金；以下委員名目繁多，薪皆極優。另有局用，數亦不貲。前數年部中歆其利，乃置局於部，凡各路之局悉並於此，惟督辦等則薪水如故。

唐少川為京漢鐵路督辦，始建議於京師建京漢鐵路總局。屋西式，甚閎麗，地臨長安街。初築時，後門適與伍秩庸侍郎相對。一日余謁侍郎，方余出時，侍郎見此亦驚歎。聞京奉總局將建於津，閎麗亦同此。至京漢未贖回時，局在東交民巷。既贖回後，法人以地係使館界內，租自法人手，不准華人入內辦事，遂留為局中洋人寓所，訂期若干年，期滿則屋亦為地主所得，以抵地租。此等計算，良非吾輩所能知也。

京漢、京奉、京張皆歸鐵路局，惟津浦乃獨立，仍置大臣領之。前領於呂鏡寰[1]尚書。去年呂

1　呂海寰，字鏡宇，順天大興人。曾任兵部尚書、外務部會辦大臣兼尚書。光緒三十二年，任稅務大臣。

罷，徐菊人尚書領之，繼擢中堂入軍機，而仍領此路。噫！津浦路者，商業中一小部分耳，而必以至高之大臣領之，吾恐吾國大臣之不足於用也。

吾國百凡事業，局面大者則糜費以漸而大，而官場為甚，官場而有洋氣者尤甚。聞大清銀行每年開支王公大臣慶吊之禮至萬金。夜間行中人咸歸，而開支電燈費月至五百金，今始刪除云。

前數年風聞津之銀幣以質稍輕，至不能行市面。己酉春，局中公然登告白，令藏此銀幣者於十日內攜至局兌換，則照市價收取，過期則不收。是則幣之不能行顯然矣。都計所餘之銀必已巨萬，此項果入何人之手，竟無人過問者，亦可謂失罰矣。

銀行之理事，使檢察行中之弊病也。聞大清銀行之理事，直自挪用，且即以己名作保，真奇突哉。

外務部某君曰：員警欲故示不畏強禦，故遇達官及貴人則故意摧折之，然至總局後，則局員謝之不遑。是彼之為此，無乃故以駭眾乎？余謂警部未必如是，蓋豪強氣焰甚盛，則抗之者未免稍過。至局員謝罪，此出不得已之勢，若謂故意如此，斷無命警兵則為其強、局員可為其弱之理，蓋不悅之者之心中有此意境耳。（按：此前六七年事也，今則遠不及矣。蓋警兵抵抗貴人，動獲大咎，而警廳復無以慰之，而失職乃無人過問，則誰肯為之哉。）

乙巳冬，周玉帥至上海勘會審事，力持強硬辦理。後所辦僅不賠款而止，大為外務部人所笑。（按：此外務部說現成話也。）

近來各報多載歸善江孝通孝廉逢辰詩章。按，江君為人絕清潔，人世營謀一切，若未知也。詩文均如其人，又孝於母，而家寒不可為活，嘗遊番禺梁節庵先生門。梁後遊於鄂，乃言於張文襄，請江君至鄂分校某書院，即主於梁。余與江己丑鄉榜同年，得時與相見，但覺其氣宇澄徹，無絲縷俗塵。後江君回粵，遂久不相聞，又數年死矣。臨死猶戀寡母，滋可悲也。或傳其在鄂見文襄之笑話，然正足見其不俗。向例督撫以賓禮相待之客，必送至轎，轎預入待於二堂。文襄送江君，巡捕號房未見江轎，而內促不已，乃由號房設法強他人轎入，且俾舁江君歸。江於此茫然也。居數月，又見文襄，促轎如故。號房曰：「是江老爺乎，是有成例。」復以他人轎舁歸。江猶茫然也。

報有載湖北官場嚴姓訟妻事者。按嚴某十餘年前已出一事，而不意今又如此。家人不自整理，至中冓之言流行道路，可歎也。彼時余寓鄂，聞有嚴姓道員新死，乃失其次子所在，跡於向所聚賭處得之，強曳以歸。既成服，則喧呶欲與其兄弟輩分家，甚至絲縷不遺。顧其人絕蠢，不知物之輕重，凡器用一無所遺漏，而一切票據乃多不及，多為兄弟所得。某既得產，一日忽命轎渡江，其老僕異之，潛隨往，則見某至漢口一狹巷口，命停轎，潛入巷中。僕見其與一老人數語，即出懷中紙裏與之。僕駭甚，亟叩所以。某始猶隱不肯吐，繼乃曰：「吾託其買妾耳。」僕曰：「公子知此人何姓名，住何處，憑空與人銀，無慮耶？」某始惶急。僕則與諸轎夫四出求之，果遇諸狹徑。僕固剛硬，老人亦奸猾，良久乃得強半以歸。久之，某乃潛娶一妓，置諸漢陽某宅，其父之門生也。已而為妻之母偵知，即今各報所謂史太守之夫人也。遽率家人至漢陽某宅中。某無可避，惟有束手聽處分而已。妻母又責其妾曰：「汝即欲嫁人，亦宜視其人足恃否，試看若此者，足倚以終身乎？」妾泣曰：「余之事悉聽命於假母，安得自擇。」於是遣其妾而曳某，並取其衣物歸，亦有為居停主竊留者。某既歸，雖被禁不能出，而思妾殊甚，致魂夢顛倒。妻患之，禱於廟，且祈籤焉。廟之道士揣知其故，則以語言偵伺，盡得其實，曰：「此宜以藥癒之，士偶安能為力？」婦亟問何藥。曰：「與我五十金，先付半，他日來授汝藥，復與我半。此藥使人忘舊事，秘方不能告人也。」婦深信，以藥飲其夫，則遂眠，不語不食者累數日。家中人皆大嘩，覓道士亦不可得。妯娌咸曰：「倘果不醒，則吾家出謀死親夫之重案矣。」婦亦懼，醫禱四出。久乃醒，則性識迷罔，問以前事，悉不之知。此從前事也。意後此又有無窮變化，致成今日現象歟。

報有載西人控百年前之產業，地更數國，官亦屢易，而居然得直，成一富翁。此惟法律成立，案卷保存，始能為此。因憶戊申粵人江君孔殷至申，謂余曰：「吾今可成一富人，雖不及百餘萬，若數十萬易易耳。」余怪問其故。曰：「吾祖於前四五十年在上海營業甚廣，余家牌號四遠皆聞。不幸失敗，致地皮皆抵於人，而全家回粵，然未賣絕也。後來輾轉抵押，顧無一人能公然名為己之產業者。然則余出而承認之，孰能阻余，況又得蔡觀察為助。今之地價較前數十倍，非即時為富人耶。」久之，又見余曰：「敗矣。余所希冀不能得萬一也。」叩其詳。曰：「此種契券即皆在人手，而余家於其地之都圖方向畝分，又無清單。既輾轉數手，而中人及地保咸已易人，何從蹤跡所在。況地價既漸高，則轉押必加價，更添一切耗費，恐所得亦無幾，只得置之矣。」

朱敏生年丈嘗謂余言，前供職軍機章京時，一同事請眾人於休假日飲於酒館。屆期，諸人咸集。久之，主人不至，以為必有事故，不能出也。亟呼飯，同往其家，叩其閽人，則自其太夫人至其子女固皆無恙。問主人何作。曰：「在書房中習書小楷耳。」群怪之，擁而入，主人方俯首搦筆，商略分行布白之法也。見眾至，詫曰：「今日諸君何處相約，乃同來此，抑何事耶？」眾曰：「無他，以君忘一事，特面相詢耳。」主人猶問何事，質告之，始引咎不已。

近京城劇場中有丑腳趙仙舫，嘲謔敏捷，涉事成趣，而於新學界中尤甚。六月中留學生試畢授職者，行團拜禮於織雲公所，遍召名腳，獨不及趙，蓋畏其口也。

上海把手車者以西人給錢多，若遇西人喚車，輒群赴之，為狀至怪。客有雇車至楊樹浦，一西人行路旁，車夫輒謂客曰：「對不住君，余得此好生章，宜亟往，請君步行可也。」亟停車促客下，不意此西人殊不顧，車夫以車前迎再三，西人揚長去。不得已復回請客登車，客亦掉頭去。又有載西婦行數里，至則西婦給以小紙裹遝入。車夫大喜，意或小銀幣一二枚，開視乃制錢三文，乃申申詈而去。（按：西人不付車錢者今愈多，日本人尤甚，而車夫之趨承不減於昔，亦可憐矣。）

十年前，山左官場派人至上海購印刷機器，已訂合同，並已選定何種機件矣。忽詢經手人曰：「尚有一要節須相詢，此種鉛字是無論何書皆可用乎？」經手人忍笑應曰：「然。君可用也。」其人又曰：「此尚須細詢，是否印此書可用，印他書亦可用乎？」經手人幾失笑，亟應曰：「然。」

杭之士子略有文名者若不能獲雋，則館於人家，歲不過百元。於是有開館授徒者大率不過十人，每人歲納六十元，而學費食宿費咸在焉。且彼時無暑假，又無星期放假例，故稍一不慎，則傾六百元盡供學生飯菜尚不足，其瘠薄如此。有某君者，亦為此，苦於多費，乃自出購辦。得數魚，實魚者以繩代縛之，自覺其賤，亟歸告室中人，且舉示之。諸人睹之有頃，曰：「魚何在？」亟視，則手惟提一繩，悵然失色。蓋某行急，魚以次躍而去，某不覺也。

某侍郎督浙學時（故事，學使按臨上六府），有司預備江山船，船戶女必出酬客，某禁之甚嚴，船戶等患之。乃乘學使舟行時，令女登岸，遙隨舟而哭。良久，學使命詢其故，則對曰：「本船中女，因大人禁㬲，放出我，我無所歸，是以望舟而哭耳。」學使曰：「可且歸船，但勿入艙可也。」女諾，即踏船頭而入。被髮布衣，頗覺其盼睞動人。一夜學使腹痛，呼從人不應。良久，女忽闖然入，問知狀，即為按摩，輕重適意，既而偎倚諧謔，挑招備至。某不覺入其彀中，遂留使宿。後屢如是。既而抵岸，船戶即呼某縣辦差者預備轎接太太。差執向例無之，而喧呶不已。某大慚，丐人為解，以千金畀之，始已。

吳侍御兆泰諫停三海工程時，上怒叵測，親友莫敢至，吳杜門謝客。忽一日，有一分發安徽之大八成[1]知縣來見，門者卻之。某固請，吳乃出見。甫通款曲，即問此番處分當若何，吳謝不敢知。又問：「君有債負否？」曰：「作京朝官自不免，幸素節省，不過八百金而已。」某因曰：「實不相瞞，某見近日言官盡喑默，惟君肯批鱗。然觀旨意，恐必去官，知君清苦，故打量為備資斧。」吳愕然不敢受。某曰：「此是公義，君不特不可辭，且不應辭也。」因探懷出六百金票相贈。越日，又送四百金至，曰：「還債外可更以此為歸計。」越日命下，果如所料。

壬辰六月初間，京師見飛蝗蔽天。許恭慎公[2]見某邸，因言蝗蟲如此，宜上言當下詔令百官省愆，命府尹及直督分勘災狀，地方官速行撲捕，並令開言路。某邸大怒曰：「何處來此不祥語？蝗災並未稟報，汝安知外間情狀？近來四海幸安靜，兩宮稍解愁煩，奈何作此敗興語？況外間選事人多，豈可更以此惹之？汝若願，可獨對，我不能言也。」仁和默不敢言。逾數日，內命孫枚預備

1 清末捐官，如能按捐額繳納八成現銀，稱為「大八成」。
2 許庚身，謚恭慎。

召見。仁和又告某邸曰：「今日忽召順天府，必為蝗也。蓋先言之，庶於面子好看些。」某邸曰：「汝又來多事，現在蝗不為災，極可置之不理。」已而余聯沅奏入。某邸曰：「汝看言官如此恣橫，才有些小事，即用為口實，若再開言路，則吾輩更無立足地矣。」某邸竟治余妄言罪。俄而南海、頤和園所種荷花及觀稼亭之麥咸被蝗食盡。上詢軍機外間蝗狀。某邸對言外間雖有蝗，幸賴皇上洪福，並不傷禾稼。上意遂紓，惟令近畿官捕治而已。

松榛為京曹官時，初無所表現，亦無奧援，惟軍機章京杭人金君憐之，為言於堂官，極贊其能。金素不妄言，故聞之者皆深信。由是得外放，遊升按察。金有外甥某，為松故特為之捐縣丞，予之函，使至皖候補。初至，松聞金已死，某未知也。遽投函，松榜其函於客次，並書其後曰：「某向來鐵面冰心，從不肯結交權貴。乃縣丞某輒敢輕於嘗試，稟到時即呈遞大理寺少卿軍機章京金某之函。某與金素未謀面，乃輒敢妄行請託，本應重辦，姑念實係金章京親筆，並非偽託，姑榜示官廳，使眾目共睹」云云。金在日，與松三五日必有手函往還，至是即翻覆，議者薄之。

阿克達春被言官參劾。劉峴帥奏未入之時，阿適有所進奉，故不俟復奏，即入內陛見。至津見合肥相國，偶與談一公事，出文書示之，阿不能識。及入都，以重聽故，與諸軍機議，先定奏對之詞，次第答之。及面聖時，上問汝何時出京，阿對以今年若干歲。又問從何衙門出身，阿對言何時出京，皆參差不相合。上怒，命起去。始有留京另候簡用之命。

孝欽在光緒中葉撤簾後，極留意繪圖事，畫扇及立幅賜大臣。患不能給，乃另覓代筆二人，一為歸安姚彥侍方伯之嫂，一為雲南繆某之妹。二人孀居也。月予三十金。然二人入內均有使費，恒患不給於用，某親王為設法津貼。又畫扇寄廠肆，索潤資極昂，一箑至二金餘云。

宮中壁間窗槅，皆糊名人書畫。有時剝落則易新者，宮監輩私售諸外，名曰貼落。自道咸以來，猶未盡易。孝欽移居三海時，盡行撕毀，始一無所存云。從前廠肆售貼落，價並不昂，今則佳者且七八十金矣。

劉峴帥督粵，二即用知縣入見。一人忽問曰：「大人尊姓？」一人曰：「汝不知耶？此即劉坤一。」

杭陳小雲孟楷，為雲卿大令之子。其夫人即余曾祖姑母，名端，著《自然好學齋詩集》，並選明三十家詩者也。夫妻並聰明絕世，生一子亦穎秀，似有夙根。後小雲以通判至某省，上憲檄委開河，頗因此瀆貨。一日掘土得二龕，蓋前代比丘尼遺骸也，遂舉棄之。其子方在側持紙欲書，忽將紙翻覆，遂成癡病，先小雲死。小雲天才特異，能五官並用。刑名錢穀諸事，嘗以一人綜理；壽序駢文等輒於輿中作之。余祖姑詩才卓犖，每有吟詠，一字一句未安，輒摩腹思維，輾轉甚苦，故《集》中詩從無草率之處。其翁雲伯先生詩，有未妥，轉以詢之，應時改正，雲伯亦俯從其語。

某科四川鄉闈，有某縣一生入闈，鄰號生問其姓，告之。即曰：「汝得無名俞思亮乎？」瞿然曰：「汝何以知之。」曰：「實告君，吾初入闈後方假寐，夢鄰號縊死一人，姓名皆與君同。汝自問若有負心事宜早為計。」生惶恐，即丐病出，歸寓猶甚懼。夜間使健男數人宿其房，夜分時，聞屋上有撒沙聲，則愈股栗。後不知若何矣。

張文襄試四川某縣，有童鮮服而曳白，疑為覓替不得者，詰之。童詞窮，乃曰實不能文。其鄉例必曾考試，妻始得著紅鞋，故冒險為之。

日前報載，湖北一宦家孀婦依翁某太守居漢口，為奸人誘，與外間男子租屋姦宿，為翁偵知控官，由審判廳審理。章推事諭謂：「以孀婦改醮，律本不禁，況現值立憲時代，婚姻更可自由。惟爾係宦裔，當明大義，雖講自由，亦不應越乎範圍之外。如古來名儒之母改嫁者固亦不少，然爾潛逃在外，未免太不自愛。」按此判語，可謂不規則之極。蓋凡判訟之詞，當依罪之所在直加斷語，斥其不應如此，然後再定辦法，萬不應多牽枝葉，尤不應多為繞越之詞，一若為體量為開脫也者。況云立憲時代婚姻更可自由者，此語果何據而云然。且歐人所謂婚姻自由者，非若此也。近來人不講法理，而動好言文明，一若足以博大眾之歡心，而眾人不察，又以為今日已可如此，真所謂彼此相誤矣。譬如判一盜案，而謂之曰：「凡人因饑寒之故，而取人之有以救己之窮餓，本為情理所許，況現在均富主義盛行，則分人所餘，亦不能加以罪名。惟未告事主而輒入人家，未免失之不慎。」試問如此云云，成何說話？而報中猶贊之曰：「此等聽斷，尚能得體。」吾不知今人之淺率一至於此。

報載美有少年男女二人相約偕逃，後跡得，官斷令各送其家，並禁不得在一起云。此事在吾國，則無論新舊皆謂寧聽其匹配。新者曰自由結婚也；舊者曰樂得做好事也。然美之法庭乃如此判，蓋西俗於男女之際雖大與中國不同，然亦有所謂程式者。苟或違之，必遭禁阻。今吾國乃欲概行解弛，嗚呼，其大亂之媒介乎，吾不知將來作何景象矣。

前者署廣州將軍孚琦被刺。報載張督[1]與溫生財〔才〕語，「有一孚琦去，又一孚琦來，則若何？」按此語太輕率，出之平常探問之人則可，出之官場則不可，而況其為堂堂之總督乎？張督其自忘己之地位矣。

前十年皖人因拒俄會演說，而中間忽羼入革命話頭，謂應先殺一城之官吏。此本極可怪，官將捕治，或為解始已，而令為首數人見安慶府太守謝。太守乃謂曰：「以文明程度論，將來自應有此一級，惟今尚非其時，君輩宜少安無〔勿〕躁。」此語在彼以為極時務極文明之語，而不知不值識

[1] 張鳴岐，字堅白。一九一〇年（宣統二年）署兩廣總督。溫生才一九一一年在廣州就義。

者一笑也。

周德潤至雲南勘界，攜會典為憑。洋人會勘者，亦以此為憑。既而有水，觀其源流高低之勢合歸中國，而會典不載，洋人遂欲攔去。據形勢再三爭之，逾月始允。洋使曰：「我固知此水合歸中國，然會典為中國欽定之書，固將昭示中外，如何獨不載此水？」

徐相國郙值南書房時，一日宮中報賽某廟，令擬匾。徐思數日始得之，曰「有求必應」。又題慈禧新荷詩有云：「田田荷葉大如盆。」又題倒垂朱藤，誤倒寫。大被哂薄，遂去之。

戴文節[1]在南書房時，不善事內監。一日題畫誤一字，上令內監持令改之。內監至，但令別書，而不告以故，戴便另寫一紙，而誤字如故，上以為有意怫忤，遂撤差。

紀香驄言南皮舊志，有國初大兵南下，索義夫，民多死之語。

州縣辦差，物至惡劣，而學幕中人仍多持去。有司患之，乃各折銀若干贖歸諸物，然持去如故。香帥視學四川，至忠州時，直隸何某為州官。學使去時，縣官親攔門搜幕客取去鋪陳，皆得

[1] 戴熙，字醇士，錢塘人，謚文節。

之，惟貴州鄭伯庚篚中，更有曬乾海菜數碗。

香帥過夔府奉節縣，而周達武率大兵繼至，縣官為湖北熊兆□，憚費多，吝不出。周大怒，令小將率兵數百人圍署，熊乃出金如數。

曹中堂振鏞薨，諡文正。或為對曰：「孔文子之文何為文，少正卯之正奚其正。」

庚申都城之役，天津知府石贊清獨倔強，時與西人為難。一日西人有所索取，石自往曰：「若欲索物，有知府在此，余不能應也。」西人乃厚待之，遣轎送歸。

庚寅發會榜日，或貼聯廠肆曰：「大聖齊天，管教他張許無言，至尊聽命；斯文掃地，更有那趙高分校，多士含冤。」（校者按：是年總裁為孫毓汶、貴恒、許應騤、沈源深。此聯「大聖齊天」，當即指孫，張、許二人似指孫之同官也。又同考官內有趙亮熙、高蔚光二人，對語當即指此。）

鄂中戲呼同案為同月，蓋謂學院案圓圍如月，又次於鄉榜也。

督撫放下筆便去見客，見了客便須執筆，此胡、曾言督撫秘訣也。

滇回人馬如賓，初附杜逆[1]後反正，尚未輸服，嘗私製黃轎，官不能問也。偶公會演劇，馬點風波亭、忽風雷大至，裂帷飄瓦。馬大怖懼，自此不敢復萌異志。

游智開知永平，嘗試書院，題為「毅廟聖德頌」及經解、古學三題，能作三題者准分為三卷，各列名次。有一人三卷皆取第一，得獎約五百金。

有知縣全某，每斷案，民或不服，便攘臂起曰：「大老爺如此斷，我等不能依。」全曰：「我只能如此，汝輩不依，我便不管。」因此人呼為全不管。

賈文端楨，成廟時傅恭王甚嚴密，嘗課讀《通鑒》三過。放江南學差，成廟手書與之曰：「汝出京後，六阿哥在書房，又復胡鬧了。」後恭王翌輔穆宗，成中興之美，皆由此也。

胡文忠病，嘗飲王遠仲藥而癒。已而治兵黃州時，軍事方急，前病復發。或勸迎王，文忠曰：「安可因己求生，置人危地？」

---

1 指杜文秀。

馬江之役，何小宋制軍終日禮神，張中丞兆棟終日奔走詢人。人謔曰：「制臺不要頭，撫臺不要腳。」

李贊皇[1]有後人留瓊，已為黎人。香帥覓得，資給之，使復為平民云。

有一外放道員，臨行送禮王、孫中堂[2]等各五百金，獨張子青[3]相國僅百金。俄而道員死，禮王及孫各送一呢幛，張獨送五十金，人以是知張之厚。

張又樵娶合肥女，或為對曰：「前後判若兩人，南洋何驕，北洋何謅；督撫平分半子，朱氏無婿，張氏無兒。」（校者按：張先娶於朱，次取某中丞女，三娶合肥女。故對語云然。）

相傳純廟嘗選繡女，忽見地上現粉印若蓮花。推問，有一女雕鞋底作蓮花形，中實以粉，故使地上蓮花隨步而生。上怒，遽命內監推出之。

1 唐李德裕，字文饒，趙郡贊皇人。
2 孫毓汶，字萊山，濟寧人。
3 張之萬，字子青，南皮人。

各處婚禮，兩姻家通名，其刺必書「端肅頓首拜」。同治後，以肅順、端華故改去。或有作「端莊頓首拜」者。然拳匪之禍由端王、莊王，則此二字亦不可用矣。

都中有言太醫院藥方、翰林院文章、都察院奏章、光祿寺茶湯、鑾輿衛刀槍、金魚池婆娘。言皆徒具形模，無濟實用也。

曾文正奉旨處理天津案，津人多不平之，時有對云：「僧[1]去留曾，將人丟盡；因崇[2]祟，引鬼進來。」

咸豐間，周某管刑部，不知公事，而好挑剔。趙光為刑部尚書，患之。或作對曰：「周芸台勵精圖亂，趙蓉舫發憤為雌。」

雲南馬嘉利案起，輿論多推岑，而郭方為眾惡，故有對云：「岑毓英出乎其類，拔乎其萃，不容於堯舜之世；郭嵩燾未能事人，焉能事鬼，何必去父母之邦。」觀此亦見彼時人知識之茫昧。然

1 僧格林沁。
2 崇厚，一八七〇年（同治九年）天津教案發生以前，任直隸總督。

施治者不從此下手，則雖新政日行，亦屬枉然。

近來預備新政多可笑，大約不問事之緩急，見單中有此名目，輒為之，不問能行否，亦不問財力能支否。聞漢口近造模範監獄既成，而土木工索金無所出，乃押於外國銀行，得二萬餘金以還工人云。

美商團來至某處，各界人歡迎之。忽有一人辭極激烈，遽出刀斷其指。外客頗以為嫌，以方行樂，何至為此流血事也。蓋吾國人不深察事理，輒謂外人崇拜潛不畏死之人，而不知須合乎時宜也。且憤於事而致自斷肢體，此必事大憤激，始可為之。若隨意今日割一指，明日斷一臂，則數見不鮮，亦不足重矣。

去年，農工商部繡工科教習沈壽女士繡義皇后像，始懸京師之勸工陳列所，已而懸諸江寧之南洋勸業會，並懸義皇后照於其旁，見者以為毫髮畢肖，標價三萬元。今年復寄列於義大利之美術博覽會，義皇甚稱賞之，向我駐使吳挹清公使索以去。至其若何處之，則未知也。或曰義皇后尊重，既將以繡像寄列彼國會中，則殊不宜標價其旁，轉近褻視。此亦與外人交際者，不可不知也。

前者英之吉青納將軍既至京師，將赴奉天，請於朝，欲得瞻覽陪都廟貌，且欲得觀所藏磁器。

蓋將軍於磁器有癖好也。朝廷既許其請，且允贈以舊磁三四。吉至奉天，有司既得京電，乃導使遊觀，復贈器如所許。吉欲自擇，且謂：「貴國多有以數器為一具者，如茶碗蓋、茶碗及其托，謂之三可也，謂之一亦可也。若酒杯、碟子、勺及勺之舟謂之四可也，謂之一可也。今於我何獨不然。」語竟，則以印色盒置一花瓶上，而取碟盛之，曰：「此非一物乎？」導者亟明其不然，言以二為一者，間有一二具，非皆然也。乃就彼所擇者數而與之，吉雖稱謝去，然不副所望也。

丁酉秋冬間，余在上海為友人物色一地，在今新閘路之南。望其北，方有人鳩工庀材，建築高大洋房。問其主人。曰：某姓，其父固為海關道，挾巨金歸者。余嘿哂曰：今人動以海上為桃源，試問舉全國之富人而悉居此，景狀復何如，徒增租界之繁盛而已。至庚子夏間，余群從有居蘇者，往視之，歸乘某公司小輪船之官艙，中已有客數輩。一人狀稍異，年可三十許，面目楚楚頗有英氣。所著馬褂一裹圓，皆夾呢為之，口吸埃及煙，坐閱報。聞他人詢余姓，乃起問曰：「君即某某歟？」余頷之，因轉問其姓。曰：「桂。」余曰：「蘭桂之桂歟？」曰：「然。」余曰：「然則君在旗也。」應曰：「諾。」余因詳詢其字，又問向住何處。曰：「新加坡。」余曰：「然則君或君家中有在新加坡領事館者？」曰：「否。」余曰：「然則君何時赴海外？」曰：「吾父即至彼，至余已二世矣。」余曰：「聞在旗者不得離駐防地三十里，君家何能脫此而出？」曰：「事在人為，不妨破例也。」余曰：「然則今忽回國何事？」曰：「無他，欲調查內地軍備耳。」

因遙指一營壘曰：「何窳敗若是，他處不知亦如此歟？」余曰：「大約各處皆然，何必更齒及。」余因詢之曰：「君在海外，嘗至歐洲歟？」曰：「留學先後約十年矣。」余曰：「然則君能幾國語？」曰：「吾居新加坡久，則能巫來由語，兼習英語。至歐洲讀書，則益精英國語言文字。若德、法語雖未盡通貫，然與之酬應則裕如矣。」余絕異其人曰：「君來往東西洋，亦見黨人否？」曰：「至澳門見之，頗承其優待。伊等志意猶昔，然嫌其闌限太多，想不能有所成。」余又問之曰：「君來時道出香港，亦有所見否？」曰：「彼中亦有友好數人頗可談。」問其姓名，不告。余曰：「君將何往？」曰：「將往哈爾濱。若不能達，擬先至杭，一省松楸，然後至西藏也。」余曰：「然則君為杭州駐防，吾輩可聯鄉誼矣。顧貿然至西藏，豈有介紹歟？」曰：「向識彼中喇嘛，往無咎也。」語至此，余四察彼所攜，唯一絕小之皮包，曰：「行具止此歟？」曰：「何慮，此已足矣。」余曰：「冬則若何？」曰：「至彼時可買一氈毯，春暖棄之，固易易也。」余聞言大異之，蓋吾國人固未有能若此者。

次日至上海，余亦好事，欲得其實跡因謂曰：「君盍即住余《昌言報》館中，今報不出，而屋極有餘也。」伊曰：「謝君意，余已有友人約，不能爽約。」余詢其處，云當相候。曰：「此無庸，吾當走話。」既登岸，尚欲蹤跡其所往，轉眴間已失所在。余悵悵歸，與人語，恒恨不能窮其究竟。然默數生平所遇異人，必以此為最，時時舉此事詢於人。又二年，以江右黃君之介，得識其君，其家即住新閘路，蓋即余丁酉見其建築者，以居相近，乃時往其處遊眺。一日，或約西餐，黃及某君皆在，座客甚多，惟孰為主人，今乃忘之。余座與黃近，復與述及此，忽左顧視，見某君曰：「余所遇異人，狀稍類彼。」因數目之，某君亦一睨我。他日黃君見余曰：休矣。前日某君見君之狀，後問余，乃知異人者即彼也。因言彼時別有懷抱，故隱姓名遊江湖間。今則異矣，不意人之尚以為言也，余聞黃君言，悵惘不已，久之頓足曰：「坐君饒舌，使我腦中失去一異人。」

己酉（校者按：當是宣統元年）北洋大臣楊公[1]薨於位，賜謚文敬。或為對曰：「戲文曲文，所以為文；冰敬炭敬，是之謂敬。」

直隸州縣多恃騾馬稅。雖號稱由州縣承辦，而往往分給一二處於巡檢典史，其數目各縣不一，且時時有改為活稅者。活稅，每價一百千抽一千。死稅，則騾馬八百一十，牛四百五十，驢三百有零，係外收之數。交官則騾馬三百六十，牛一百六十，驢一百二十。計南宮一縣，外收有三四萬，而交官不及半，至報部不過數百金。

乾嘉間，巨鹿某令稟覆直督一事，稿案送稿時，內載奉憲諭之下，凡照例之處，只寫云云二字，候謄寫時補入，此向例如此。乃抄胥竟忘謄寫，遂只作都憲云云。方制軍觀承批之曰：「吏云云，幕云云，官亦云云。速將該承辦書辦提解來轅，仰候本部堂當堂云云。」

凡遊民號走江湖者有八種，係九經、十八皮、四李、三瓜、七風、八火、五除、六妖。經者

[1] 楊士驤，字杏誠，謚文敬。

須動筆，如算命、看相、六壬、文王卦、各色起課測字、賣對賣畫詩寶，凡九種。皮者是江湖賣藥者，凡十八種。李者變戲法等凡四種。瓜者賣拳，為空手、執械、攜婦女三種。以上四種類皆不犯刑法之事，南人謂之春，北人謂之典。風者多含用刀之事，局賭亦在內，凡七種。火者偽銀之類，凡八種。除者大率殺人，凡五種，妖者皆女人為之，凡六種。以上四類，皆干犯刑律。然其章程極嚴密，大率有上手下手之分，且定兩人辦事，如拿獲一人，則必認己為幫手，正兇某住某處，其人必不住某處，甚難破獲。

軍機大臣每日召見，須長跪良久，至以為苦，故相傳秘訣，無論奏對何事，必以三語為率，並須簡淺明白，不須上再問。凡大臣召對者，著膝處皆以圓夾布中著棉絮為襯，使跪時不痛。

辛丑（校者按：當是光緒二十七年）辦回鑾大差，承辦者咸恣意侵漁，惟白某繳上盈餘三萬兩。眾惡其相形，競阻之，白堅不肯。白前浙江主考建侯先生之孫也。

近日，京師西河沿金台旅館死一客，甚奇。其人長沙葉姓，行第亦係德字，或云葉德輝之弟也。挈一妾一僕來，終日不出，惟日夜與其妾為歡，且食西瓜冰水不忌，絕無人往還，惟間以舊藏名人書畫託廠肆售之。不久病，醫至，不肯服藥，遂死。此事謂其激於國事或家事，而以此自斃耶，則何必遠至都城為之；謂其絕不知衛生之道耶，則既病何不肯服藥。真令人百思不得其故。

近日鎮統吳鳳嶺之弟槍斃嫂侄，並自殺，又迫其妻自殺，事見各報。或言其內容，則誠非人所料也。蓋吳出身寒微，數年驟至一二品，於是子侄皆入貴冑學堂。侄冶遊得疾，醫之癒，惟切戒食魚。一日吳來京，侄往候，以侄新癒，乃使同食，食捨魚。吳問之，以醫戒對。吳曰：「中醫語何足憑，汝新癒，正宜食此滋補。」侄不敢言所病，乃強食之，病果復發，遂死。遺書與其父，言實伯父強之食魚所致。其父亦不審其詳，乃大恨其兄，遂得癇疾，迫其妻自縊，槍殺嫂及兩侄，以刀壞其關防，並毀所有契卷，即槍自擊死。比吳知，已無可救，遂報官請勘。如此慘禍，而發端乃至微，哀哉。

余族字綺雲者，前月搭太古輪船由上海至武昌。途中遇一人，係某領事館翻譯某甲，行李楚楚。次日，忽發瘋，船主慮其墜江，乃以鍊鎖之。第三日，忽然全癒，大叫行李全然失去，計值二三百元，尚有現洋一百餘元。船人詢其故，據云，初上船時遇一人，詢姓名，後即異常款洽，時時在余之左右。談次出所調之粉類饗余，余初亦卻之，後以情不能卻，食之。食後即覺昏迷，一切行李親見此人攜去，而不能出聲，真可恨也。言次，買辦謂閣下性命完全，尚為大幸。前數月，此船甫進吳淞口，有老者來告曰：昨夜可怕之至。官艙某客年僅十餘歲，而行李頗輝煌，為匪人垂涎。夜中人靜後，惟我以散艙不能容，乃睡官艙外面吸鴉片煙。尚未睡，忽聞有數人聚而商曰：「不能動手，奈何？」言次，以香煙一支來敬，並曰：「對不住。」此時我已知其意，答曰：「各人管各人行李而已。」乃假寐以覘如何動手。乃官艙客因嫌熱，來至船邊眺覽，左右突來二匪，以手託客臀，拋入江去，而將客之行李俵散。此事無人知者。

又余族人纘卿者，於余為尊行，過上海，住某客棧。有某甲遇之，極致殷勤，數來談說。談次，云將至鄂，因某錢莊欠寡婦鉅款，屢索不付，刻寡婦託余至鄂設法，倘竟不還，惟有控告之一法。但人地生疏，辦理殊不易，閣下向在湖北，能出一臂之力相助否？纘卿答云：如果義所當為，自應從旁贊助。倘涉及別故，則向不管公事。某甲徐云：係某乙所託。某乙住大方棧，相距不遠，盍同往商之？時纘卿已疑之矣。因無事，欲覘其究竟，乃欣然同往。至則閒談許久，某乙請纘吃花酒，纘力辭。乃令酒館作佳餚數器，絕不提及此事。飯後又來某丙，手攜金箔一包。乙打開，將箔置於火上燒之。良久，問曰：「攜來何用？」丙曰：「昨日與某丁打麻雀大負，輸去千二百金。除現款外，尚不足數，故以此物易銀。而市中議價未成，故攜來耳。」乙曰：「君大呆。某丁係著名大騙子，此三人抬轎法，君不知耶？」丙曰：「奈何？」乙良久曰：「今日座上，卻好亦成三人，合而抬某丁，以報君昨日之仇，贏則均分，如何？」言次，以目視纘卿。纘卿曰：「我向來不做害人之事。」意即欲行，某甲因留稍坐。乙從容謂纘曰：「此金色佳而價又廉，市中決購不到者，君且攜去，明日付價可也。」纘乃作色曰：「我並未要購，閣下何得相強。」乃決然而去。然後知此等人皆局賭也。其言至武昌者，乃偽詞耳；其云抬某丁者，實抬纘卿耳。其金箔除入火二張外，必皆贗者。花酒不成，乃出種種手段。行路之難如此，真可畏哉。

漢口迎賓江館，某要人實預其股，故聲勢甚盛，且門懸虎頭牌曰「旅館重地，閒人免進」。夫客居而居然懸虎頭牌，以迎來送往之業，而大書「閒人免進」，均大可發噱。不意揚州出品會亦如此。說者謂該會出品之寥寥，半亦由此。亦見吾國人於官氣一層，想望至深，偶有仿效之機會，即貿貿然不問其宜否而輕於學步也。聞汴省新建之第一商場亦如是。

聞有京官向私賣煙土人買私土者，恒至若干次，則總計若干付之。亦有所積既多，忽然不認，販私人突出不意，竟無如之何，遂盡被乾沒。斯雖似螳螂捕蟬，亦狠矣哉。

某以副都統署吉林將軍，太夫人卒於任所，謀葬之郊外，卜吉地，久而不得。聞有邸翁精湛輿術，然家小康，不以此求生活。人有乞其相地者，非其人不苟出也。夙與佐領豐年善。豐、某之盟弟也。某於是丐豐為介，卑辭厚幣以迎翁，翁峻卻。固請，翁曰：「非老夫逆將軍意，吉地不易得，不敢許將軍也。許而無以報命，不如弗許。然吾聞將軍之事親也孝。孝子天之所佑也，宜有厚報，天其遺吉地以待乎。請姑寬時日，俟老夫徐徐圖之。」越二月，翁走告豐曰：「得之矣。此天所以報孝子也，然非老眼不能識。若此吉地，今世殆不數數覯，老夫非以將軍孝子也，亦不敢輕饒舌。今已泄天機，天必厭我，不死則盲。死也，盲也，吾無怨，吾殊不為將軍，不為厚幣，乃為孝子也。吾何愧。」乃告豐以地之所在。豐即聞於某，偕往視，以重值買之，卜日以葬。及期，以將軍故，旗漢文武官暨士紳兵卒畢集。翁號於眾曰：「此真吉地也，一尺之下，必有青草。」既而果然。翁又曰：「以朔漠之地，隆冬之時，而有青草，顧奇矣。然猶地氣和暖之故也。再下三尺，當更有異象，為山川精靈之氣凝聚而成之物，則非至吉之地不能有。從吾目所視之處而求之，必可見也。」如其言，果見如鵝卵石者疊疊焉。翁亟命拾之，悉納諸某之懷中，且曰：「此至寶，名鳳凰蛋。將軍懷歸而藏之，富貴壽考，基於此矣。」某受教唯謹，旁觀亦奇之，群相稱道，靡不謂翁術之神，某福之厚，喧傳於一時。余適遊吉林，客為余言。余曰：「非偽，即妖也。天下安有是？愚人自愚耳。」某酬翁錢萬緡，並畀翁子以優差，翁之名於是益震，久未死，目亦不盲。而某則不半年解任矣，被劾矣，削職矣。至今五載，猶不獲起用。

戴文誠[1]遺摺舉劾某某，頗為人疑。以文誠生平以端謹著稱，必不為此，且所舉劾亦無關大局也。從前張勤果[2]公遺摺保福方伯潤，人言籍籍，亦謂實張之幕徐賡陛為之線索。劉忠誠遺摺保人，亦有謂幕中人為之也。蓋此等弊竇竟視為習慣矣。

民政部收車捐，而貴要乃多不理，堂官無如之何，乃代付之，並聞郵傳部堂官亦如此。且謂收捐者曰：「豈吾輩之地位，尚須下同齊民？」收捐者亦強項，對曰：「請問大人在上海時，外國工

1 戴鴻慈，字少懷，南海人。卒於一九一〇年，謚文誠。
2 張曜，字亮臣，大興人。卒於一八九一年，謚勤果。

部局收捐，亦予之否？」某公默然。

又聞初議捐時，民部請問監國府第車捐辦法。監國謙挹，令除監國及福晉自用之馬車外，餘悉上捐，並令開單與之。後以貴族多不納，亦不敢往領云。

凡建築都邑，溝渠為最要，道路次之，宮室公園又次之。而吾國則亟亟於為外觀計，故庚子以後，雖亦修溝，而甚草率。尤奇者，初包與一西人，每里七千兩，猶照歐洲之法，以塞門德泥圓筒出穢濁之水。乃後為木廠運動，云每里只須六千兩，而圓筒乃改為明溝，以磚砌，既甚狹小又不堅固，且夾馬路兩旁。而馬路既狹，將來推廣遂不易，此甚誤事也。聞舊溝乃甚大，中立一人尚有餘，各路可周通，並聞曾掘得一碑，是元時物云。

庚子賠款，有東南厘金為抵款之一，本議由洋人辦理，提一成作開支，載在約章。嗣仍由各省自辦，而各省仍以一成匯寄上海稅務司。自辛丑起迄今已十一年，積至五百數十萬金。日前為浙省官紳查出，計浙省厘金每年約百萬兩，一成則十萬兩，統計當有一百十萬兩。此款應由浙省領回。日前增撫派員至江寧督署調查，果各卷有上海稅務司之報銷冊，數亦相符，業已請江督諮部，擬欲如數收回。此事見十四憲報。如果確實，亦可謂麻木之至矣。

有與滿人聯婚者，以家中無人主婚，乃從他處延一長親代為之，及吉期前日始至。依俗列拜男女媒，而以時迫，僅拜女媒，以相距近也。媒曰：「汝女宅，不可不拜男媒。」曰：「名帖及請帖均不具，奈何？」曰：「即以拜吾家之帖改用可也。」遂如其言。次日，女家送奩於男宅，媒亦往。主人使人謂女媒曰：「女宅拜媒之帖，不知何人所書，甚使人怪。」媒訝問故，曰：「『蛋光』之帖，竟書作『蛋光』。」媒甚駭，請速歸易之。比歸，甫出帖示主人，則外間傳一信入，託名為男媒宅中之書記所為，大約謂：昨得尊帖，乃書手誤以己之祖諱填入。現因不便留在我家，特行擲還，請飭該書手敬謹領回，送入家廟，毋得妄投，以昭慎重云云。主人以咎實在己，無可置詞，勉強忍受而已。

滿人某，嘗以其子之生造，使瞽者推之。瞽者推算良久曰：「此子怪哉，所居位無上，雖然，一生窮困以死。」某以為戲己，怒而去。後其子長，為太常寺筆帖式，貧甚。適署中需人為遺兒，輒應其召。遺兒者，凡遇郊廟籍田大典前期大演禮，有司恐禮式有誤，輒以一人為主者，其人衣服破舊，然行止拜跪，與主者無異。自王公大臣以下，向之行禮亦與主者無異，固一日之榮也。然必筆貼式之貧乏者為之，他人皆不肯為，以為折福，為之必致病云。其為此，每次得京錢八千而已。

河南某縣村中某茶肆，一日清晨有客跨牝驢至，即下驢入肆飲茶。肆主人向客借驢送婦歸家，言婦家距肆僅隔一山，稍頃即可還。客許諾，婦乃跨驢去。過山峽，忽一男子騎牡驢至，兩驢相蹶，不肯行，乃各下驢。驢相交，良久不已。男、婦睨之，意動，亦遂相交接。事訖，二人忽相商，不如乘驢逸去，別作生活，乃策驢疾馳。抵暮，投人家求借宿。其家有一老嫗與女同居，初不肯，因懇之，乃使女與己同榻，而以女榻借二人宿。次早嫗醒，呼二人不應，視之，則二人已被人殺死，大驚，亟鳴官。茶肆之客以不得驢，亦扭主人赴官。官輾轉審勘，始知嫗有未婚婿，時竊至嫗家就女宿。是夜又至，見女榻中有二人，以為女有外遇，故殺之，逸去。官乃治其人如律，而以驢歸客焉。此事亦不足異，惟男、婦既被殺，其苟合之故，誰則知之？豈彼見嫗，先自言之乎？或曰：蓋有人過山中，竊睹其事以告茶肆云。

客言有粵人販鴉片煙土於黔者，將歸，攜土僅兩個有半，以擔負太輕，乃購醃肉數十斤分無數塊，置擔之一頭。行近廣西境，一夜失旅宿之所，乃憩林中。夜半，遠聞虎嘯之聲，久之漸近，甚悚，乃攜擔緣登樹杪。時月明如晝，虎至，望樹上有人，直前搖撼，樹梢為動，某已懾栗。已而虎齧樹如鋸，某愈懼，乃擲肉一塊啖之。虎倏忽吞去，輒又齧樹，乃又擲肉。頃之，肉盡。虎又前，某乃擲煙土下，虎又吞去。俄而土又盡，虎齧樹益急。某大恐，自分必死虎口，顧見虎雖齧，狀漸弛懈，不如前之猛，度已中煙土之毒，果不須臾，虎奄然就斃。某念己之家資，皆入虎腹，將以虎歸貨之，以償所失。天明，遂擔死虎行。不數里，遇獵戶數輩，譁然曰：「此吾輩合力追擊始斃之，汝乃安坐享之乎？」洶洶與爭。某嘿然，但言且俟見團長公議之，乃相率見團長。團長問曰：「獵戶所得虎，汝何故冒取之？」某言實己所得。團長問有據乎？某備言狀，且言虎死於煙土，非獵戶所斃，請剖腹驗之。剖視則僅半個之土化去，餘二個猶完好，且某土肆之招紙明白可辨。獵戶無他辭，遂任某擕以歸。

滇之鄉人有乘月夜相率砍蘆為薪者，忽一人為蘆杆所擊，眾大驚趨視。內一人近前，又被擊倒，異甚。群逼視之，則見此蘆毛茸茸然，異於常，察之，乃似自地生出之獸尾。俯視土甚松浮，而墳起似有一物。於是共持鍬鋤掘之，乃一虎已垂斃，而項戴一石圈。跡其所以，蓋附近人家有以破臼之圈為窗者。是夜主人出，房中留一小兒，虎忽至，破窗紙將入，而頸為石圈所枷不能入，兩目視兒眈眈，作欲啖狀。兒不知怖，戲抽竹帚一莖刺其鼻，虎噓而驚，遽拔臼圈而去。至野欲去圈不得，咆哮跳躍，不覺全身埋入土中，僅露一尾於外，人近則擊之。各人既詢得故，述之人，無不大笑。

或至印度，見印度人有編篾為籠，大如屋，愈深則狹小。怪問何用，云以捕虎。其法驅虎近籠，使一人進籠以誘虎，虎見人必追。其人從旁孔逸去，虎直入至狹處，各抽篾束虎如縛豬然。噫！古來英君傑主，氣概不凡，而群小弄之，有如傀儡，如此篾哉。

同治甲戌會試，首場三題。「滕文公問為國」一章。闈墨某卷，於出題處有「臣請為王言之」之句，考官亦未經意。於是某樂部大張廣告於通衢，准於某日特演新戲「滕文公進封王爵」。經坊官禁止之，未克演。然聞排斯劇者，即下第之舉子，其中科諢多可發噱，而以孟子為周天子簡任之冊封正使，為全齣之關鍵云。

又，是科首場首題為「君子坦蕩蕩」。其時十三旦名正盛。某日演某劇，丑插科曰：「吾今賀汝，汝之名，已達於九重，不僅老爺們愛汝也，即萬歲爺也時時念汝。且恐人不盡知也，故以汝名為題而試公車，斯誠殊榮矣。吾焉能不賀。」十三旦應之曰：「烏有是哉，子毋欺誑人也。今科試題皆出於聖經賢傳，與我何涉。而謂以我名為試題，烏有是，其證安在？」遂歷誦各題以詰之。丑曰：「即首場欽定之首題也，汝果不知耶？試為若言之。『君子坦蕩蕩』之『坦』字，析之乃十一旦，而『蕩』字中各藏一小旦，兩『蕩』字即得兩小旦，以蕩蕩之小旦而加以十一旦，非十三旦而何？萬歲爺如不念汝，何為首題即藏汝名於中？余言豈欺誑哉！」於是座客咸拊掌。

浙江省龍泉縣糧廳治所有虎，然至廳署照壁而止，不入市，未嘗食人。其地居民日必飼以牛肉兩三次，每次用牛肉三斤。

有設珠寶肆於杭之珠寶巷者，嘗有一山東人客其家，舉動類富家翁，顧不知所從來。日惟浼人與遊，久之不言去。俄而病將死，乃謂其主人曰：「吾本富人，以子婦不順吾意，怒而出，姑為汗漫遊。今適篤疾，不獲正首邱，已致函吾子，令其來省，然恐已不及待。吾橐中尚有金可萬余，若吾子來，請舉以付之。」店主人聞有巨金，頓萌惡念，食後與靧面，遽以熱巾塞其口鼻，斃之而乾沒其金。比其子至，不審父有遺金，復不得其死狀，反謝主人，以喪歸。孤客語言一不慎，遂殺其身，哀哉。

甲午，日兵至牛莊，魏午莊制軍時預軍役為統領。或曰：「午字，牛不出頭，然則牛莊殆矣。」已而果然。

上海鐵路總公司初設，租一洋房，其門旁石柱刻「路不通行」四字。蓋其屋前路通黃浦灘，恐人誤以為孔道，故標此以止之。或笑曰：鐵路者，所以使天下交通也，此四字豈可示天下乎。語為某報所揭，主者知之，乃以告示掩之，後竟使石工鑿去。

湘鄉曾重伯[1]太史，庚子亂後，嘗至京師，已而旋至申，為余述數瑣事。事本離奇，而重伯又妙語言，益令人笑吃吃不止。云有大柵欄戲園案目某，其妹未字人，偶遇疾死，卜葬城東。至期，某與其母先至葬所，棺尚在其後。忽一人至，謂舁棺者何不速行，彼等待久矣。舁者意其人必喪家人，乃曰：「棺重，不能如車之速。」其人曰：「姑竭力行，當犒汝。」乃疾進。既至葬所，其人又謂開金井者云：「宜加寬廣。」役人怪之，曰：「一棺何須此？」其人曰：「兩棺也。」因西指曰：「此非是歟！」役人視之，果又一棺至，蓋空棺也。乃如言大之。時死者之母兄方料檢物事，皆勿聞，瞥回顧，則金井大幾倍，大訶譙役人。役人初亦以其人為喪家人，乃指曰：「此人教為之

1 曾廣鈞，字重伯，為曾國藩之孫。

者。」視之，乃素不相識，以為痼人，怒詬之。其人曰：「汝何庸然，汝妹死，吾猶能獨生乎？」某出不意，聞此語，大怒，謂無端壞其家聲，擲石中其腦，遂斃。觀者見出命案，大驚，即由坊官飛行入城報之刑部。時重伯之弟履初觀察供職刑部，奉委往驗。（或曰，向例死屋中者由刑部驗，露死者由步軍統領衙門驗，此案為露死，而由刑部驗不知何故。）車甫返，而死者已復活，若欲有所言。乃急請曾君返，錄其生供。

據云：前數年嘗以賣針線雜物至女家中，後屢相見，雖尚無他，而情好日篤，猶苦不便日至而久話也。幸女家近戲園，乃捨賣針線而改設攤，售水果於戲園門首。女俟其兄入戲園，即趨至與款語，逮戲將畢即返，故久之無知者。不幸女忽遇疾，余憂甚，彷徨無計，然猶伺隙往探數次，並饋藥焉。後病日篤，向余永訣，語淒慘不忍聞，余亦遂有共命之意。得其葬期，乃預購空棺往，冀得同穴，死自我甘，無預乃兄事也。言訖遽倒。官既得供，以呈堂官，不復究其事。聞後有好事者欲其兄徇其請，而女之母與其兄均不可。後來如何，則未之聞。

重伯又言，都城朝陽門外有某寺者，為南方人死者在彼停櫬之所，大約不久即運回里，而以家屬凋零停滯不出者，亦不知凡幾。有書吏某之家棺亦停此，歲清明，必有垂髫女子至設祭，有僧主其事，常見之。已而女亦死，即殯其所。僧思自少出家，未親女色，實為缺典，盍開視之，且可得其殮物。乃乘夜鑿棺之前和，以門之直閂入而發之，久之蓋脫落。將去閂，瞥見女屍已起坐，大驚。負閂亟奔，則聞窸窣聲，似女亦緊追其後，悸甚，念惟至人多處乃可。時大殿中眾僧功課未畢，梵唄琅琅，忽見一人狂奔至殿中而倒，後尚牽一重物，共集視之，見此僧負一門閂，閂之鐵鉤鉤著屍身之衣，故相聯不可開。久之僧醒，問之不復能隱，一一言之。住持僧乃曰：「此事乃大令吾為難，欲報官耶，則開棺見屍是何罪名，汝能受耶？吾亦能坐視汝受此罪耶？若欲隱而不言耶，則此時眾目共睹，安能盡緘人口？況棺開復闔，安能無痕跡？真令吾處兩難之勢。雖然，吾不能不報，與汝若干錢，汝自為計可耳。」蓋令其逃也。又數日，寺眾忽大覺有惡臭，跡之，出井中，察之，則此僧已死於水矣。

有客居者，方旅困，終日愁歎。人或戲之，乃伺其熟睡，置一桌橫其床前，上安香燭，又以白紙為幡幢置其旁，復懸紙錠，並安香燭，如待新死人之狀。群伏窗外窺之，見其人中夜起，循視諸物良久，微歎數聲，復歸寢。早視之，死矣。

美國有講心靈之說者，以為心死則形亦死。嘗請於官，取一死囚，告之曰：「今官厚汝，不使汝與尋常死囚等，擬用新法破血管，將全身之血放盡而死，俾免痛苦。」即以布蒙囚之目，以錐微破其肌，而以壺注水於盆，偽為使之流血也者。頃之，曰：已得血若干，去周身血之一矣。又頃曰：已去大半矣。又頃之，而其人竟倒。其實血並未去也，蓋囚心以為必死，又聞注水聲，以為流血，遂致死也。

紹興人金某，嘗習申韓術，為無錫縣令錢某所延致。金年少好遊，暇時常至惠泉山尼庵棲止。

居停主人偶以要案三日候之不得，因怒，自言曰：「吾延人主刑名，為官事也，今吾以要案候三日，而不見人所在，如官事何。」金歸，僕以告，金大怒，擲研地上，遽拂袖去。居停慰留不得，乃贈贐百金。金挾金住所歡尼庵中。數日，初未言，尼怪其攜行李至，若無所事，因問將何往，金言殊無所詣，且住此。尼亦留之。忽忽兩月，金猶無去意，尼因問將何作。金淒然曰：「吾辛苦方得一館，今見辭，欲他就固難，且吾素無積儲，又無妻，去此將安之？」尼遂曰：「汝願為官乎？」金駭然曰：「吾橐中無餘資，安得為官？」尼曰：「汝能妻我者，吾所儲尚可捐一大八成州縣。」金欣諾。遂持尼金捐知縣，至江蘇，後升鎮江府。前居停適為某縣，忤上官將獲罪，金亟為解，乃已。後尼偶不得意，輒大罵曰：「汝忘功名所自乎？」聞者初驚異，詢知其故，咸大服尼之知人云。

嘉興某富宅，一日有術士過之，自言有術能使人見亡人。主人因其父新沒，欲得一見，乃延之入。術士命潔一室，口中喃喃有辭，俄而牆上現光一線，漸積漸多，遂成大圓光，內有黑影，已而影漸著，儼然父也。主人驚痛，亟與其兄弟下拜，術士遂避出。忽見其父冉冉自牆而下，須臾至地，兄弟皆惶駭不知所措，因置杌椅就之。見其父已坐，復進食，則不能舉箸。少頃，舉手如欲得筆者，乃取紙筆就之，一人兩手攤紙，一人扶筆令書。久之，書成，似言生平心力，悉用之時文，欲板以行世，咸相受教。而形氣聚如故，不復散去，乃大惶駭。出問術士、術士亦駭曰：吾此術向止能使現象光中，不能動作。今如此，是非吾術所治，請君家自料理。術士竟去。富家擾擾竟日。

或曰鬼畏陽氣，盍揭瓦漏日光以解之。不得已如其言，影遂日淡，三數日遂盡。

離威海四十里之孟家莊，有吳二魁者，事親至孝。前以其母患病甚劇，曾割股肉以療之，其母竟因此而癒。其事為英駐在威海之駱大臣所聞，當即奏明英皇，賞給一等孝子之金牌，及洋銀十元。於二月二十日招二魁往，與駱氏並肩攝影，又有皇仁義學堂、安立甘學堂教員、學生及各英員巡捕隊、各村董侍立兩旁。攝影既成，即令放一頂大象片寄回英國。駱氏謂二魁曰：「汝事母心誠，感動上帝，必降福於汝。此後汝母再病，可到本大臣處送信，派官醫診治，藥資分文不要。」言畢，率眾驗看其股際所割之創，咸為讚歎不置。二魁感駱氏之德意，欲拜謝，眾英員向前扶住，示不敢當受之意。駱氏又令學堂眾學生各作孝子論一篇。且曰「爾諸生當學吳二魁，天必降以福」云云。於是眾人歡呼而散。

山東茌平縣城北三鄉，有秦蘭陵者，性似癡人。幼從寡母度日，家內僅足飲食。嗣娶妻陳氏、亦一淑女，連生數女一子，生齒日繁，時時不能舉火。癡人無奈，以小車推其母乞食四方，乞糟糠自食，淨糧則雖餓不食，留以奉母。少有食餘，則易錢送富家，積蓄以備其母身後之需。母今年近八十，癡人亦五十餘云。以上二事，均見日報。近來風俗日敗，悖慢淫亂之事見於報及成為訟案者，不知凡幾。大率在大家學子，官場尤甚。而大孝奇行，反在至貧極苦之人，故特著此，以愧夫衣冠而禽獸者。至英國大官之聞而敬聳，此亦應然之事，正足證人性之同，不必有所疑訝也。

前月郵傳部郵政司科員黃某，以信函冒充畢業文憑，為堂官所驅逐。余始聞其事，頗疑焉，繼而調查其詳情，則黃某者，誠妄人也。黃本英國留學生，徐中堂掌部時，以其習郵政而調歸，在部已二年矣。凡在外國習郵政者，係至其郵政局而見習焉，並未有郵政之專門學堂也。無學堂，故無所謂畢業，無畢業，故無所謂文憑。此次黃以求奏留故，堂官責其呈驗文憑，黃乃以在英臨行時，郵政局長為之祖餞之請函呈堂，詐稱文憑，為左堂所察知。噫！信函而可作文憑，則文憑之多，將在坑滿坑，在谷滿谷矣。黃實自取其咎也。使黃於取文憑之時，即以實情上達，堂官縱初不知習郵政者之無文憑，而既經陳明，決不至蠻橫無理，定要其有文憑也。黃或恐不能見信於堂官，則即呈此函，亦只可申明作為證據之一，而不能以之當文憑也。稍有知識者，類能知之。不意黃之利令智昏，謬妄至此。或曰：苟非兩堂之交惡，譏訕嘲笑，則黃亦不至驅逐，然則黃雖妄，亦適逢其會耳。世俗之人，必又歸於命運矣。

有某部曹掣簽得禮部，而誤到吏部，已閱兩月，始覺其誤。吾不僅笑其人之糊塗，身入仕途，並己所分之部尚不能分別，況各署門前均有匾額，豈並此兩字而亦不識耶。吾更笑吏部之人，見其來而不一考察，遂任其溷跡二月而去，亦可謂麻木矣。

七月十五日內閣驗放，有指分貴州之通判周篆訓其人者，於是日驗放，即於是日革職，何其巧耶。李督[1]之奏，不早不遲適於是日遞到，苟早一日則周可省此一舉，遲一日則周亦多喜一日，豈造化之弄人歟？吾知周此時必深惜其印結各費，擲諸虛牝矣。

近聞人云，京師城內人口約六十餘萬。內二十餘萬皆官也，而官之眷屬僕役及胥吏等又二三十萬，餘則外省之僑寓者及外省人之經商於此者，其可名為土著者寥寥耳。

近為志士者率曰：人須艱苦卓絕。按此四字，談何容易。吾見人當窮困時，雖百苦不避，人以是為真能堅貞自守者，不意稍獲豐腴，便大變態度，意氣驕倨，而享用侈靡，前後截然若兩人。如此者甚多。有一人以教育為標幟，乃自辦學堂，云將為世模範。當其困時，幾將衣物質盡，以資學堂之用。忽一富人聞其事，大悅之，捐鉅資，使辦學。其人頓改舊觀，出必馬車。云人須以衛生為第一要義，於是每膳必進一雞，去頭足蒸而食之，或夜歸思食，即令執於塒以進，其狂如此。又湘人有黃君者，頗有幹才，稍弋時譽。陳中丞寶箴辦礦務，使為局之經理，蒞事十餘年，事雖就理，而虧空公款至十餘萬。以一寒士受優俸，而虧空至如此巨，實駭聽聞。惟時積累已甚，後乃思得意外之獲，以彌補之，遂有粵人郭某，聳其營運米業，致大折本。逮趙次帥[2]蒞湘，促其歸款，黃乃遍假湘紳所設巨肆之款為償。比償訖而局事亦撤，責言四面而至，南北奔走求救，卒以窮蹙得疾，

1 李經義於一九〇九年（宣統元年）任雲貴總督。
2 趙爾巽，號次珊。

死於京邸。聞其盛時，驕侈極盛，夜間客抹牌畢，思食豬腦雞蛋炒飯，則庖人即時屠豕取腦以進。蓋向來凡有宣索，則不得言無，故無論何時，有求必得，以致於敗。噫！黃出身寒微，而湘俗又樸，尚猶如此，怪哉。

某巡撫之未遇也，潁與汴接壤，販秫秸往，求售於豫河。河工購料員例須餽遺，始無留難。某吝小費，無所餽，僅以刺謁督其事者。刺署銜訓導某，自傾以為恭，顧不知其意在彼而不在此也。既已得售，驗收員某令多方撿擇，百不留十。乃遍丐人關說，迄無效，於是大折耗，悵悵而歸。越十年任汴藩，令猶需次焉。未幾護巡撫，授篆之日，首劾令去之。

壬寅，宜昌鬧教，美以兵艦來泊，艦兵以宜昌方行霍亂症，依禁例不登岸。一夕或憑欄望見小艇飄至，似虛無人者。視之，一十歲童饑垂斃矣。食之，童以手指岸，兵便引往，則其家也。一老母與弟妹三人已餓死。兵瘞之而以童歸，為更衣，日與食；以艦例不宿外人，夜仍置諸艇，童感艦人至極。已而霍亂病息，艦兵日上岸遊。一日管駕忽見童在小艇指岸，狀甚惶遽，使兵十人偕往，則見農民方納美兵二人於田間溝中，將戽水斃之。兵至，農民逃，乃救之返，遂益德童，且以其慧，斂資將使學。他日忽見艇來，中若虛，視之，則童已為人斃，並書紙其旁曰：「爾其歸於外國之好友。」艦人哀感之甚，乃以所斂資瘞諸岸，且碑之曰：「華童張氏勇救美兵之紀念碑。」

前二十年時，山西平遙忽有手刃七命案。某村有富翁者，其妻得癆瘵疾，臥床不起者已數年矣。一日，翁自外飲歸，入房睹其妻，忽持刀砍之斃；其幼子聞而走，亦殺之；鄰一老嫗適至，又殺之；俄而婢僕輩聞聲奔集，翁刀已鈍，趨入廚房取斧出，盡殺之；計已殺七人。其次子惶遽，緣登鄰屋，翁又擲斧傷其腿。諸居鄰咸集，並不解何故，忽見翁擲斧而號，俄為地保執送官。官訊之，翁泣曰：「吾豈意得此奇禍哉。吾始入室，忽見青面赤髮人臥吾床，吾怖甚，亟殺，幸以為得誅妖。俄而見群妖陸續至，吾大恐，亟取刀斧砍之，咸應手斃。吾猶恐不得脫，已而忽灑然若醒，乃知所殺者皆吾之親屬也。」言畢大哭。官論斷如律，然某資財頗巨，乃大賄獄官，服毒死獄中。（按：凡人性識不清者，則腦筋易惑亂，目中忽然如見鬼物，非果有鬼物也。）

前數年時，天津有某公館者，視其主人，儼然官也。其所往來交接皆官場，否則紳士也；其舉動，其用度，皆官場派也。於是大商肆咸與之交接，莫有疑之者。其家人甚少，惟主人夫婦及一女。無何一少年來，云是其選定之婿，將贅之家者。頃之，令此少年至大綢緞肆，選購綢緞數十捲，約令持歸家，驗視無誤乃付值。於是店中命夥持綢緞偕至其家。主人曰：「甚美，然此須令衣此者視之合意乃可。」乃令僕送入內，使女審視之。久之，持出曰：「顏色物料皆不合，令持歸更之。」夥持歸審視，則每捲皆被剪去小塊，乃至其家責問。主人亦怒曰：「我本官宦人家，豈作此等無賴事？」令少年往與質。少年亦怒甚，遂匆匆飯訖即去。至店中，方盛氣相詬，俄而面色陡變，須臾即倒。店中大驚，而隨少年來之人已即歸報，遂控官詣驗，幾興大獄。後微露可設法講和狀，肆中慮與官場訟，必卵石不敵，乃賂以巨金始已。有知其事者，言此主人至津，實專為此。所謂贅婿者，實預養幼丐，臨時毒之，以為訛詐之資。後其人他去，不知所往。

宋人小說載南人有客於北者，其地少松。某富翁栽松數株，高不盈丈，乃張筵宴客以賞之，客亦群頌松之佳。此南人偶不經意，輒言曰：「此何足異，吾鄉遍山皆是，至作薪燒。」主人意恚。他客解之曰：「某君不過謂彼鄉松樹多，甚言之耳。天下安有松之名貴而為薪者。」按此終不信松之多且賤如此也。即如鶴之為物，亦為世重，然海州產鶴之區，居民輒捕以充食。孔雀亦然。足知物罕見珍，多則賤矣。

丙申在申，與同輩十人赴西餐館小飲，各呼一妓。余偶言曰：「今日吾輩皆知己，而諸妓又多有名於時，盍各品第之，以驗目力之同否。」眾並諾。各取筆書諸紙而較之，乃無一同者，甚有此為魁首，而彼乃以為殿者。余瞠目視，久之，始謂諸人曰：「今日諸妓之裝飾同也，面貌非出遙度同也。吾輩皆平交，是無阿徇。吾輩與妓皆疏淡，是無偏私，發之倉猝，成之俄頃，是更無商量遷就，而不同乃如此。《孟子》謂：『目之於色【也】有同美者【焉】。』其不然乎？而世人遇事動謂取決輿論，其果可為定律乎。」

乳媼周氏，蜀之瀘州人，役於陶東明家。陶子開永生三月，即雇周哺之，周撫如己出。他乳媪受傭必高其值，且恒以去挾主人，而又不盡心哺兒。周力反之，索值廉。多給之，不受也。周夫死，值開永病，歸家視夫殮即返，往返才一二日耳。未幾，東明沒，婦張以身殉，開永甫八歲，賴周撫育成人，今有室有子矣。感周德，奉養如慈母，周遜謝，退必雜僕婢中同服役。開永泣請之，則曰：「吾寠人婦，夫子皆沒，命固窮，吾安之矣。」開永多病，周代其婦操家政，有條不紊，不知者以為母子也。嗚呼！周一村媪耳，未讀詩書，未習禮義，於陶氏無瓜葛誼，而能如此，斯可以愧鬚眉矣，惡得不謂之巾幗偉人耶。

錢塘諸蘭谷太守，初令於楚。有僕王順者，楚之漢陽人，役於官廨數年，貌愚騃而身短，故以常人視之，群呼之曰「王矮子」。咸豐十年，蘇杭相繼陷於寇。太守有同祖兄菊塍兵備已故，其家僑寓於吳江，乃避亂之崇明。兵備之第五子肖菊觀察方偕室樊夫人省姊龍遊，道梗不得歸。龍遊又戒嚴，不能居，乃依戚畹於衢州。既而衢亦被圍，且囊中資將罄，飛書求救於太守。太守欲使人賚金迎至楚，環顧左右無可使者，憂形於色，至食時而歎。順侍側，請曰：「主人何憂？順或能效力焉。」太守曰：「語汝無濟，汝不能為也。」順固請，曰：「主人役奴子數十輩，平居皆能伺主人意旨，博主人歡，而順不能也。今日之事，則所能，彼碌碌者不能也。主人盍語順，順必能釋主人之憂也。」太守壯其語，告之故。順曰：「此何難。主人其使順，順即日往。」太守乃函金葉若干兩，授而遣之。順受命，既出，其曹謂之曰：「黃金，重利也。衢地，至危也。懷黃金而入危地，難乎免於子之身矣。盍若挾以遁，猶不失為富人也。」順曰：「惡！是何言也。主人待我厚，主人之家人有急難，宜體主人意，捨身而往救之。如懼入危地，我何必自請行。今主人信我而遣，背之，非人也。況我苟欲富，不俟今日矣。區區黃金安能飽暖終身哉！見利忘義，天將殛之，而謂我為之乎。惡！是何言也。」遂行。

取道江西常、玉山[1]而往，及至衢，則觀察已之楚矣。乃歸楚反命。觀察方侍太守坐，見順歸，起勞之。順致辭畢，解其腿縛以進，則函金如故。蓋順以敗絮裹金，縛腿際，身衣敝衣，垢面蓬首，行乞以出入賊中，往返三月，故賊不疑，金得不失，於是咸重之。順不矜其勞，服役如初。繼更遣其賫重貲渡海，以濟家人之在崇明者，亦不辱命。同治三年，兵備之次子小塍都事，十子又塍編修同應京兆試，都事以暑疾卒海船中，過煙臺，厝於岸，削木為志。逾數年，謀歸葬，使順往遷柩。順至，則訪尋十餘日弗得，咸露宿於野。後禱於神，忽有鴉鳴於前，順曰：「神苟使汝來者，汝當導我往。」鴉飛，順隨之，約數十武，止於樹。順於樹下尋之，果有柩有木志為風雨所蝕，字漫漶。諦視之，乃都事樞也。遂遷之歸。於是順亦老矣，免其役而厚贍之，不數年死。順無子，故諸氏至今於節時猶為位以祭之。都事孫兆麒，余從子婿也，為余言如此。噫！若順者，可以風矣。

庚辛間，西人自都中出者，或持鞋狗來求售，只三隻耳，索價百元，云得之宮中。聞此等犬，

---

1 常，即浙江省常山縣，赴衢州，應先經江西之玉山縣，後經常山，此句以常、玉山聯用，亂置常山於玉山前，係漫而言之。

非有異種，乃以人工為之。法取平常哈巴狗，攙硃砂飯中飼之，則所生狗必小於常狗，又飼之如其母，生小犬必更小。比至三四，小僅如拳，售諸宮中，可得重價。

金山，揚子江中流，即陸羽品為第一泉者也。今金山已與岸連，泉亦不可得。王可莊為太守時，再三物色，去金山三里許得之。

鎮江人某為吉林五常廳同知。廳有巨室，子婦與翁構訟。翁，紳衿也。其兄官某省巡撫，他郡籍，已經商而流寓者也。婦年少而寡居，欲與翁析產，恐訟弗能勝，乃夤緣得入官廨，認某之妻為義母。因義母而時見義父，某豔其姿首，有所求，無勿應，於是而子婦訟勝矣。東三省官之勢力最大，莫敢抗逆，而訟非賂不行。無論原告被告，必納賄，率以賄賂之多寡定勝負。賂而負，是我之力不足也，人事已盡矣。苟不納賄而負，則群起而尤之曰：「人事而不盡，宜其敗也。」吏治人情之頹壞如此，故翁亦無奈子婦何，遵官之判而已。婦遂朝夕出入官廨，繼且遷入以居，而穢聲四播矣。翁亦聽之。未幾，某調任他郡，竟攜之去，儼然如妾媵焉。某後在某郡任罷職南歸，乃並其所育之子女委之吉林而去。婦既居吉林，廣交遊，不一年而竟操神女生涯矣，然猶榜其門曰某公館。是時，翁充省中某要差，知之，亦絕不干涉也。雖五尺童子，咸能道其往事云。

河南某觀察喪偶，謀續娶，以友人作伐，聘南中一女學生，年二十八矣。既諏吉，遣紀綱僕先期迎至汴，偕來者僅一女之表兄耳。迨吉日迎娶交拜畢，甫入房換妝，女謂僕媼曰：「速請老爺來，我須開談判矣。」某至，女曰：「我此來僅能留一星期耳，屆時我須行。我方為某處某某學堂教員，學生尚有一學期畢業，我不能半途而廢也。」某默然。至期，果不攜一僕一婢，隻身偕其表兄行矣。某至此嗒焉若喪。聞其送妝時，以一亭置其畢業文憑，舁而過市，人有覘之者，則一初等女小學堂之文憑也。

笙歌隊裡，脂粉場中，迷其中者，至不知返，有識者實至危之地也。客有述蘇城一事者，事絕異，然足為後人殷鑒。云有妓黃桂英者，有聲曲中。其婢阿招，亦有姿首，足以撩人，頗有私積。聞有富人王某者頗溺之，前後所費凡數千。一日又以阿招所愛珠飾往，至則見其摒擋物事，異於平日。問之，曰：「嫁人耳。」駭問嫁何人。曰：「沈大少爺耳（蓋知縣沈某之子），已別租屋與我居。吾思嫁彼久，患資不足，既得君之贈，吾坦然矣。」曰：「吾待汝不薄，汝忍撇我去乎？」女笑曰：「吾與彼年相若，汝老將入墓，豈尚存此念耶？」王忿而去，女遂歸於沈。沈韶秀而乏資，女挾以至者殆兩萬，故屋中一切鋪陳飲食之費，皆出之女。沈妻以悍聞，久之諗其事，輒以肩輿往，好言謂女曰：「吾知汝德性甚佳，以佐吾至宜。惟外居非宜，人且議責，歸宅同居，吾與汝姊妹也，何復參差。」女初聞大婦之悍，猝見其和藹謙下如此，不覺輸服。且意別居亦不能久，乃盡室隨之歸。大婦即指一屋與之。居數日，大婦過女之屋，見其陳設，曰：「如此裝飾，仍似堂子，家甚不宜。」令撤換。即曰：「汝之服飾，至人家亦多不可用，吾當為汝藏之。」遂悉令舁去。女至此始知被紿，然竟無術阻之，其可愬冤苦者，即所謂沈大少爺一人而已。沈素不吸鴉片，自識女乃習吸煙，癮甚大。沈之妻乃言宜速戒煙，然此事不能不親自料理之，於是沈大少爺者日夜皆不能與女接談。而女自此惟對影飲泣而已，不久即鬱鬱死。

杭有韓紳某之子聞其事，曰：「婢如此多金，其主人可知，奇貨不可失，則遍貸得千金，走蘇，假居友人家。無幾得昵黃妓，若甚悅之者，用度亦頗揮霍，亦時言欲娶黃。不意其狀偶為黃窺得一二，遂盡發其詭謀，顧黃佯為不知。一日謂韓曰：「吾今盡謝諸客嫁汝矣。」韓喜出望外。黃曰：「惟有約，吾以身許汝，汝以後食宿吾任之，然汝居吾家，不得出大門跬步。」此著大出韓意外，顧猶未知蓄意也。嗣後，韓日夜受黃之指揮，視為器物，久之且成人臘。幸韓之友怪其久不見，既伺知狀，乃以數人往，逼迫黃出韓，且佐以官勢，乃得生出黃妓之門，而形容則大變矣。韓所持千金既罄，至是尚借資狼狽而歸。茲事王為阿招紿，而阿招旋為大婦所迫至死，韓又幾死於黃，而皆有自取之道焉，豈不險哉。

吉林一名船廠，以其地有修造水師戰船之廠得名，廠濱松花江。庚子前猶存戰船無數，皆康熙年間征羅剎時所用之戰船也。羅剎即俄羅斯也。定例每年必修理一次，相傳幾二百年。迨庚子年俄兵入吉林，取以為柴燒之，不數日而盡矣，故至今已片木無存。吾聞之故老云。

東珠產松花江，吉林將軍府（府乃將軍所居，另有衙門，為將軍、副都統會同辦公之所，如北京各部衙門然）臨江，其岸稍陡出，土人云其下產珠最佳，採之非易。如值奉旨採珠之年，則所得恒逾額數倍，否則竟難獲也。且不僅此處為然也，全江悉如是。

曾文正勳德蓋天下，而其父若弟居鄉，乃恃勢特甚，所請於官，必從之而後已。其四弟澄侯尤甚，有所惡，輒以會匪送官，請殺之，殺五六十不能釋一也。縣令熊某，性慈而無如何，每數日必私哭。或問故，曰：「曾四爺又欲假我手殺人矣。」縣開碼頭，故事必殺牲以祭，或勸殺人，遂殺十六人祭之。文正歸知其狀而不能諫其父。一日澄方晝臥，文正遽以錐刺其股，流血被體，澄遽呼暴。文正問故，曰：「痛甚。」曰：「然則汝殺人乃不痛耶。」

光緒中，重慶教案起，有馬姓者實陰為梗，後以他罪，劉制軍[1]以法誅之。教士無如何，案亦遂結。

甲午戰事起，優趕三[2]嘲合肥。適演紅鸞喜，趕三扮丐頭，當移交替人時，擲帽中所插草把，曰：「拔去三眼花翎。」又脫其衣，曰：「剝去黃馬褂。」坐中有合肥之子侄怒，命送坊官杖之。趕三驚懼，未幾死。

1 指劉秉璋。
2 劉趕三，天津人，清末京劇名丑。

國朝嘗使漢翰林學滿文，至穆中堂時停止，時戊戌年也。後乃設翻譯舉人。

紹興有丐者強姦一窮家婦，恐其言，乃以蛇入其陰戶而死，可謂窮凶極惡矣。然竟無問者，此十五六年前事也。

蘇有寡婦被僕婦引匪人入，逮夜忽出，持刀嚇之曰：「不從我則死。」婦急呼僕婦不應。正撐拒間，忽有人自床下闖然出，遽抱匪人。婦不知故，愈驚恐，其人即令婦逃出，集鄰里入縛鳴官。官訊得狀，治如律。已而問床下者何人，曰：「賊也，將竊物者。」官曰：「鑒汝能全人節，姑貸汝。」是夜其人宿於廟，見一人謂之曰：「天鑒汝義，使與汝一本萬利之錢。」醒則身旁忽有一錢，曉持食於賣豆腐漿者。食間見一搭連袋，有錢銀及支銀摺，知必人所遺者，坐守之。忽人以失物蹌踉至，示之，曰：「是矣。」其人持摺去，而以錢銀謝之，則遂改業為小市易，由是得溫飽云。

余友吳筱村君嘗過沙市，雇舟甚大，行李亦多。忽見小船載一老翁近船旁，持一大算盤細細推算，算成則為三三五，除去複算亦如之，再三算仍如前，怒推盤遽去。吳不解其故。至沙市，自平其篋中銀，適三十三兩五錢也。

繆小珊太史嘗至湖南，傍一大船過，舟人謂曰：「此船有銀。」問何以知之，曰：「舵旁有小泡隨舵不移者，是也。」問：「知我有若干銀？」笑曰：「老爺銀在家未攜出也。」問：「豈見舵旁水沫乎？」曰：「此是指他人舵下。若己船，只箱下艙即知之矣。且常人攜五十金即不能隱，何必問也。」

卷五　雜記

從前宮中設關東媽媽者，主執筆紀宮中事，至光緒十四年停止。

洪秀全據南京，行三老五更禮。梅伯言為三老，包慎伯為五更。此事甚怪，然江北人多如此說，當再審之。

洪軍至鄂，孝感東山民距〔據〕險自保，屢創賊；所奉神忽靈，賊炮見之炸，喜曰：「如是，何不往復縣城。」遂輿神出山，連攻數塹，皆破之。攻城，賊大隊至，神忽不靈，三千之眾殲焉。洪軍攻洪山，與國州人曰：予我若干金，當包攻破洪山。賊許之。洪山果破，遂陷鄂省。興國人索錢，賊曰：「汝輩貪錢，致忍殲同鄉，豈復有好人。」遂盡殺之。

吳筱村言，道光間直隸有某府太尊者，以貪著。一日忽至縣署，令驚出迓。坐定，問何事，曰：「無他。但今日我生辰，荷汝賜金，意甚厚。惟汝帳房似有弊，故銀之分兩輕。」縣惶悚告罪，曰：「當即令補上。」曰：「無庸。我已持砝碼來，可當面平與我。」其劣如此。後道與之迕，揭於督臣七制軍[1]。七素以威力聞，至此忽改常【態】，但批其稟曰：「多行不義，必自斃。子姑待之。」

[1] 七制軍，嘉慶二年任西安副都統。終身任軍職，未在直隸任職。且卒於嘉慶八年。

達縣王月垞，以即用為某州某縣，極紕繆。有寡婦訴案，王遽云：「汝守節耶？」便張大指食指擬之曰：「是如此一節耶？」嘗在籍奉駱文忠[1]命辦團，便作威福，每歸寨輒呵殿驅觀者。其堂叔恃長憑寨倚不去，遽命執下撲之。後卒被劾去。

易笏山在四川時，堅欲撤田子實任，田恨之。詗易與張子復素密，乃賄照相者百金，令移張妻照與易同紙誣之，照相者不可，乃止。

某嘗治遊妓沈銀枝之母罪。銀枝後為劉峴帥妾，乃劾罷某。朱瞑庵詩云：「國恥家仇相並論，沈銀枝勝□□□。」

張幼樵[2]嘗劾合肥，後丁艱，而合肥賻之千金。張欲勿受，質於高陽。高陽曰：「汝方窘，受之可也。」君子謂高陽不能成人之善，假使高陽以利害是非正言之，而以私橐濟張之急，則何至成後來之事耶。（校者按：高陽蓋指李鴻藻。）

全中堂慶每日必叩頭百下，以練腿腳。

1 駱秉章，謚文忠。
2 張佩綸，字幼樵。

前湖北候補道恭釗，每遷一新室，則令人預挖去中堂一磚。恭見之輒曰，此缺何不補，則有應者曰，即補矣。遂以原磚蓋之。

恭某為四川某府時，嘗逼其屬巴州李某，以打加官法治死一人。後放鹽道，某制軍不使到任。一日，在客店忽以繩自絞死。

張亮基撫湘，左侯曰：「人謂駱公知我，實則遠不如張。張出，且以印交我。」張後移撫黔，黔邊省，殊不得意，而軍餉皆不易得，乃上疏請分黔隸川、滇、桂、湘四省，觸政府怒，遂罷之。時同治初也。

福康安督川頗汰，時駐浣花寺，惡蛙之聒，命禁之。至今無蛙聲。時黃州李世傑為方伯，頗興桑蠶，招浙機工至川。今花溶玉賓之祖（校者按：此句似有誤），實與其役。

張必祿之子由庚補詩，巴州人為榆林道。奉駱文忠檄，駐兵於綏定，與將卒歡飲，搿戰偶輸，輒帶〔戴〕大帽。時軍中以戴大帽為行法之時。張輒呵令撻之，撻止如故。

某日，《北京日報》載，湖南軍官等欲分京官印結。有此等不義之財，理應大家分潤，否則另立一局不索費以挾制之。夫既云不義，何可分潤，以不得分潤而始另立局，是顯然訛詐之行為也。是猶見鄰盜財，妄謂應相分與，否則當控於官也。豈不可笑。

又報載，某處有二神童，其一六歲已能唱戲。嘻！是亦為神童，則前時上海之五齡童亦可以神童薦矣。

近湖北之普通學堂招考院生，有王某者頭場已取，而二場文甚劣。蓋初倩代槍，而後乃本人自來。此不為奇，唯一事甚可怪。蓋複試卷所填三代為曾祖混沌，祖窮奇，父饕餮。謂來者非本人耶，何文字拙劣；謂本人耶，何自蔑其祖父。今人心理真不可解。

李惺西滬主蜀錦江書院。至聖誕日，督署適演戲，李奉院中至聖牌位以往。又學政蔡麟洲至書院，捕學生干與訟事者，誤執李之弟。後學政親跪門謝，乃已。李以宮贊歸，頗有時望，避卓文端[1]之羅致，乃不出仕。卓文端有綽號曰貌休休。

[1] 卓秉恬，咸豐五年死，謚文端。

官文恭[1]回京，銀多不能悉載歸，乃連開九當鋪。死後，諸子急於分物，秘其喪，且盡括當鋪銀，分之而後發喪。川督寶興致仕，亦坐多金，死後數日尚未發喪，所藏鼻煙壺至四十八箱云。

李制軍瀚章以即用至湘，過鄂，見裕制軍[2]。裕踞臺坐見之。李行禮畢，倉猝坐裕旁一椅。呵斥再三，李惶悚卻立。裕後謂司道曰：「汝等見李某乎，此人架子大，日後名位定不亞於我。」

聞孝欽皇后時書「天下太平」四字，賞賜臣工，故癸卯狀元為王壽彭。而閏月初一第一次放主考四人：雲南為張星吉、吳慶坻，貴州為李哲明、劉頌年，合之適成「明年吉慶」四字。誠哉吉祥止止也。

前數年，都中西人以跑馬循例請總署諸王大臣及章京等觀跑馬，並設食。華官與西人雜坐燕飲，飲畢，主食者收拾器皿，獨少食巾一方，顧已睨為章京某君所匿，然不便逕前搜取。比將登車，則此君以巾包食餘之點果，潛遞與車夫。主饌者乃逕前指認，送客者亟曰：「此小物，君若喜之，可逕攜去。」

1 官文，謚文恭。
2 裕祿，道光二十年至三十年任湖廣總督。

王某為川藩時，偶攜銜眷遊浣花溪。比日暮歸，姨太太言失去一枕，命首縣飭差尋覓。窮搜不得，乃製精細繡花枕進之，又謂非原物，退還。然此物至微，何從搜緝，乃出重金於其妾之女僕，為言此是上海馬車上之枕，以皮為之，非繡花，且詳言其式。亟命匠仿製以進，復浼女僕好言，事乃已。

庚子，聯軍至保定時，藩庫尚有存銀十餘萬，廷雍恐為所得，屬清苑縣□□□（校者按：三字原缺，下文同）乘夜運匿他處，□竟乾沒入己，凡得六萬，餘為僕役等分取，以亂故，無問及者。今□□□尚署某縣，常飾為窘乏，以冀掩飾云。

崔惠人嘗至鄂，飲某家，食有魚。崔曰：「莫食武昌魚。」或潛對之曰：「寧為太平犬。」崔，太平人也。

吳清卿[1]之喪師而歸也，往返皆道某寺。或問寺僧以吳公之狀，僧曰：「帥之初至也，吾甚輕之；比其敗而歸也，吾又甚敬之。」客訝問故，僧曰：「帥之出關而宿於寺也，吾以為必將集賓幕定戰謀，乃不然，惟出彝鼎及漢印羅列滿案，與諸客評賞之。吾大怪之，策其必僨事。洎其敗績而歸，又宿於寺。吾意必自愧恨，終夕憂疑，不意仍出彝鼎及漢印與諸客評賞。吾甚詫異，不覺轉而

[1] 吳大澂，字清卿。

佩服也。又王芍棠中丞嘗被彭剛直賞拔，王嘗謁彭於焦山某寺。彭厲聲責之，王不覺長跪乞哀，為寺僧窺見，後為人述之。事在甲申以後。嘻！天下在處皆有如此等僧者，人其慎毋為彼所見哉。

定州眾春園，為宋魏公[1]、蘇文忠[2]遺跡。今尚奉二公木主，春秋展祀。乃壁間刊一畫像，痘斑滿面，貌奇俗，題曰楊大爺，殆長隨也。事見政報，亦怪矣，亦或別有故歟？

己丑、庚寅間，余以試事舟泊通州，見一官方行香於廟，兩書吏左右陪祀，亦不知是何典禮也。

去年，資政院將行京官互選之制，忽江西京官發起研究選舉之會，於是各省繼之，諸會館所在，車馬為之塞途。其意蓋恐諸人隨意選舉，或有別一種團體之組織（如各衙門是也），或他省皆有組織，而一省獨無，則一省必致無人以當選。故先集會，俾各省人均選本省之人，且先行研究何人得票最多，即令各人皆選此數人，庶此數人得以入選。惟如此則將囫圇互選之法，劈分為各省自選，不啻為分省選舉之法，其利弊又當研究矣。

向來凡地方官遇有演劇酬神之事，懼其滋事，輒行禁斷。不知滋事者一時之患，彈壓密，規例

1 韓琦封魏國公。
2 蘇軾，謚文忠。

嚴，自無患矣。倘使所在禁絕，斷此輩之生路，則壅而作亂，為禍烈矣。

前數年各省紛紛請以廟產辦學，於是僧界騷然，陽拒陰抗，其事不一。駐北京之法使館中人，對我外務部人曰：「如此，見貴國政力之薄弱。若我法國，直一紙文書可矣。」久之，法國取締教堂所設之學堂，至收其產業，而一時騷動亦極披猖。諸教士多伏不肯出，至開自來水管灌之乃出，亦甚憊矣。又，日俄和議成，日民不喜政府所為，群起而哄，致燒壞電車。他報亦笑其程度之低。後法有同盟罷工之事，電燈為之不燃，日報亦為反唇之譏。固知笑人為不易也。

今年哈利彗星出現，西人雖不言災祥，然謂近地球時行極速，地球為所動，則海水必上溢，而凡近海之處皆成澤國。又有謂當致水災者。又謂最切近時，灰沙落地上積至尺者。應否不可知，而其謂有災害則一也。特與古人之說有虛象實測之別耳。余因知古人之重視彗星，非漫然也。蓋積數千年之經歷，知彗星現則地上必有災，不以為氣之相關，而以為象之相感，故視為神明云。

余少時自粵乘汽船至申，盛夏，同船有一人著多羅麻小衫，逢人輒殷殷問姓名。或以為非上等人，遂謂其所臂金鐲鍍金也，手翠搬指燒料也。已而問知其為粵海關監督俊君之兄，於是見其鐲煌煌真金也，搬指煜然翠也。余始歎倏忽之間，而物之聲價低昂如是，世情勢利有如是也。近閱報載美大富家阿世打所遺珠鑽等值二十萬鎊，後經人估乃只一萬零二百鎊；並謂富貴人往往用偽物以欺人。然則物之真偽，果何從辨哉。

近人以忿於舊俗之故，不免有過信外人之處。於是遇有國俗之不慊於懷者，輒謂外人必無是；見西俗之合於己者，又以為吾國必不能如是。其實外人之果如何，固未必盡能知；吾國之果如何，亦尚未能知也。近有論及中外年節之說者，大約謂外人之節皆有意思，中國則否。余按吾國之節，可分兩類：一為大節，如端午、中秋、年節是；一為小節，若元宵，若上巳，若立夏，若夏至，若重陽，若冬至，則或輟業或否。至若花朝、若寒食、若四月八日、若七夕，則不視為節，亦未有輟業者。至其命為節之故，則除除夕、元旦外，若立夏等，本於節氣也，是最有理。若寒食紀念介之推，端午紀念屈原亦不為無理。若上巳、中秋、重陽，皆春秋佳日所在，選日以為節，使國民於是日相聚娛樂，何為不可。且吾國不以聖賢誕日為節，是不囿於宗教之專制；不以萬壽為節，上不強民之事己也。是皆他國所不及也。

近忽有荷蘭人強華僑入籍，否則驅逐之說。於是各報論說紛騰，似為外交一大問題，近又有以此詬外務部，吾甚不解其所謂。已而有辯之者，謂此不過聲明舊例之事，亦並無不入籍須驅逐之事。按此說確也。荷蘭於我華僑，資其力用，抽其重稅，安肯逐之？逐之是自失利也。若夫以不爭咎我外交部，則亦未合。無論未得駐使之報告，未得僑商之陳訴，且勸僑民入籍，彼內政也，吾何緣阻之？若夫不入籍而驅逐，致其流離，始可言之，而亦尚須視其情形也。今不一調查而輒肆論詆，何歟？

探外人消息，而得諸所使令之人，可謂精矣。雖然，此足恃歟？己酉，粵漢路借款，與德已定議，而英出為梗，既為吾國主路事者所斥，則爭諸德。此余聞諸人如此也。然買辦吳友濂則謂人曰：「德款不足，而已與中國訂約，故私商諸滙豐，欲求合辦。」試問德豈能有此事耶！

《論語》曰：「名不正則言不順」，名之關於事，久矣。而吾國上下乃殊忽此。顧如呼海關為洋關，致一班人民均誤以海關為洋人所設，而生出種種惡念，是可鑒也。

南洋勸業會為吾國創舉，故國人莫不欣仰之。觀各報所言，誠美善矣。而自江寧來者乃不盡謂然，其說亦未盡足據。然上月大雷雨而屋至震倒，傷人數十，此則不可掩矣。或曰：新建築之屋遇雷雨而倒塌，已屢見不一見，蓋亦當然之事也。顧不知此數十人臂股之傷，亦屬於當然之數否耳。

交通便而來往數，客店之業大啟。顧吾國之病，睹利則群趨，必至過量而後已，無論何業，莫不致大虧折。於是遂有種種奸慝之事，客店亦其一也。余聞客店中於沒客存要物者有之，誘客嫖賭致流落者有之，若普通之事。則凡迎客者，縱客言有何等極要之事，必嬲之至店，又必嬲之言本日無船，或船改期，或船不能容，使待之明日行。如此則不特得上下搬運之費，且得兩日之資費。客或熟悉，或有強力之友，或可決然而去，否則未有不為所勒掯者。又有一等客店，彼與某船公司相諗，或別有情弊，則必強坐其船。客欲乘他船，則必言他船之穢，或言他船價貴，甚至客有相諗之船亦為所阻，其可惡如此。

各報載粵人以梁某[1]出使，截留不得，乃電諸德國，力言梁於路事未了，不宜接待。余意無是也，否則是內外之不分矣。家中兄弟相哄縱極激烈，不宜求諸外，此意諸君當知之。假其有之，大為德人笑矣。

凡一國之政治，雖極整頓，然必仍有無數人為不規則之營業，而為政者固無如何。一則實不足以盡養之，一則桀驁浪蕩之人非實業所能範圍也。試舉其例。其不犯法者，若為長隨及各種服役者，若江湖賣藝者，若為娼妓者。其干犯法律，則若為竊者，為賭徒者，為拐誘者，為騙術者，為盜者。雖亦有盛衰之別，而其為遊食之民，一也。承平時有司治之，或寬或嚴姑勿論。顧當衰亂之時，則有牧民之責者，似宜視其事之如何而稍寬其銜轡。此亦《周禮》荒政十二條中繁（蕃）樂[2]、多昏之意。惟員警不可不嚴耳，倘一概禁絕，則適為淵叢之驅耳。

---

1 梁誠，字震東，番禺人。一九一〇年任出使德國大臣。

2 見《周禮・地官・大司徒》「繁樂」應作「蕃樂」。「疏」云：「蕃樂者，謂閉藏樂器而不作。」

上海近新設製蛋公司，發起之人皆上海商人之表表者，當無可疑矣。雖然，吾有惑焉。夫蓄雞卵以求售，此貧家旦夕所恃以為活者，而該公司乃欲以沿江七省之蛋皆由彼專利，然則此七省之窮民皆當仰活於一公司矣。縱公司力巨而人眾，然七省計州縣數百，計村鎮數千，公司能遍以人往歟？蛋之為物，不二三日即敗，以待售之故，不特使人人枵腹，且致敗焉。不又致閭閻之怨恫歟？況從前隨意可售，或售廠，或售於人家，莫之問也。今則有此規則，縱使本國別無分廠，而外人收買不能禁也，則必多方巡邏，別之為官蛋私蛋矣。至其流極，必致貨多則擯而不購，使人有貨不能售，貨少則必多方劫制，並不使售與人家，則民之怨更甚矣。況乎蛋既不能售於他家，則價必不能起，承辦之人多方抑價，而小民之一線生機將於此絕，真足怪也。

某年周玉帥過申，迓者甚盛。次日，兩廣總督陶公之柩至申，以易船故，停至一二日，而官場乃寂無人至，惟上海道不得已一往耳，余則雖輿臺亦絕跡。西人甚怪其事，曰：「官同等也，其過申也，雖有生死之別，然陶公豈無同鄉故吏在此者，何懸絕若此。」或曰：「西人之言過矣！吾國雖有燒冷灶之說，顧不燃已死之灰也。」

有人謂津浦鐵路之借款，名五百萬鎊，而當時只收三百二十餘萬鎊。蓋除去九七扣三十五萬鎊，小九五扣二萬五千鎊，酬謝中人二十萬鎊，預扣四年外息一百萬鎊，尚有他款十餘萬鎊，故收到者只此。吾不知向來此等事果何如也。

四川之內江、外江，貫注十餘州縣，年之荒歉視其水利如何。以灌縣為發源之地，每年修理十堰工，編竹簍石以為堤堰。每河口必用竹籠保護，謂之魚咀，高者六七層，低者二三層。竹籠之製，長三丈，圓徑一尺八寸內外。兩江須七千餘籠，年年更換，須工程銀四千餘兩，加以挖河底截眾流工程銀二千餘兩，故每年須七千兩。

庚子後有德人運動，欲包辦我全國煙稅，已將許之。會為南皮所聞，亟電政府止之。庚戌秋，民政部將捕東單牌樓二條胡同之外國人窩娼賭者。二旬以前，即由外務部知照各國公使，咸有復，且有謂是貴國主權中事，極應辦理，惟英及比、日三國未復。事既辦，將依向例解犯於天津，而英使忽照會外務部，言須交使館。主者以如此則北京之使館界且將為租界，乃即解往。次日，英使至部詢此事何不照辦，答曰：「解時或早，不及知也。」英使因詢其時日，收到照會時八下鐘，而解出時亦只十下鐘也。英使問相距兩下鐘，何不能止之，部中人因問以前有照會奉聞，何不見復。英使嚅囁言未見。乃曰：「此照會三星期矣，而未見復。今此只兩下鐘，或未為久乎？」英使乃無言。

津之例，凡租界巡捕所拘之人犯曰遣捕，以領袖領事之名送之華官，近則送地方審判廳。今年某日，送犯往，而電話告之曰：「以廳官方應法官試，無人理此。」久之，忽電話見復曰：「據所話則尊處裁判官方須試驗，則向來乃使未經試驗之人為裁判也，其不足據審矣。以後不可復以相煩，即從前已斷之案，亦尚須重審。」語聞（以下原缺）。

有憎向來衣服寬博不便者，遂競為西裝。既服，乃知西人衣服之不便尤甚，冠履之堅硬，衣之窄小而繁瑣，而領圈、臂圈尤不便，殆如桎梏。而冬衣不能多，暑必冠，更無論矣。無已則設法變通之，於是有西其冠履而中其衣者，有但戴西冠而衣履悉仍舊者，又有西衣而去其領圈臂圈者。庶償企想西裝之奢願，亦不失西裝之權利，今滿目多如是，而純乎西裝者乃甚少。按以吾國制度而論，則如今日之衣履，便適身體已至極處，而以求便之故學西裝，則所見已謬，無怪一轉瞬乃成非驢非馬之怪狀。嗚呼！豈特一服裝已哉。

余嘗遇北京某銀行中人，既與通姓名，因問所事繁簡。其人欣然曰：「吾輩京中甚暇，勝上海、天津多矣。以彼等處小款出入多，北京則動輒一二十萬，故款多而事簡也。且吾輩在行中甚高貴，與王公貴人接席，甚至談讌打牌。至平常無名氣之京堂及部郎等等，惟有伊等仰余輩眉睫，余輩且白眼視之。在外省能若此乎。」侃侃而談，略無愧怍。

王西台者，直隸人，曾留學日本，為吉林員警之譯人，娶長春劉氏女為妾。劉有奇稟，自小有食炭之癖，冬日食最多，夏則少食，且謂人曰：「味甚甘美，余殊不覺其有難食之處。」

又，去年吉林西門外某鎮，夜間忽聞有呼呼之聲，若有人言此是何物者，則應時臂際即痛。於是相戒，聞聲輒不敢語。及半月後，偶有一婦人如廁，見牆邊所倚糞扒漸能自動，已有聲如呼呼然，且鳴且前移。因謂人曰，恐每夜所聞即此。因集眾視之，則扒中頗有血，砍而焚之，怪遂絕。

沈丙南言，其四弟為辰年辰月辰日辰時所生，同時鎮中某家生一女，沈之父因聘為媳。沈弟卅餘死，三日後，其弟婦亦死。異哉。

錢某為譯學館教習，不能其事。時王君九[1]為監督，難於辭，使教末班。初日上堂，寫字母至二十一字，忽不憶。少頃乃曰：「此不易記，余明日更授。」其情已為學生所窺，群起窘之，乃請更益數字，猶曰不可。眾曰：「然則益一字，吾輩尚能強憶也。」錢竟不能下筆，眾轟堂，乃襆被出。

庚戌，測繪學堂招考新生九十人，而報名殆千人。朗貝勒[2]交三條，曰：「是皆佳。」總辦亟唯唯。朗又曰：「是余學皆貫串，惟不能算。」總辦亦唯唯。依例，報名者必以照片，而此三人中乃無照片，總辦既不敢請諸貝勒，並不敢問本人，遂視為一最難解決之問題。久乃得策曰：「吾竟令堂中人承為失去，則四面圓矣。」

1 王季烈，字君九。
2 指毓朗。

京曹官有奉部命至湖南某州有所調查，一日偶與人家婚宴，座中有昂然氣態出眾者。問之，則以湖北尋常師範畢業生，在其州中辦新政者也。一人忽前語曰：「某家逼嫁事，君何不過問歟？」其人曰：「吾何暇為之，吾既辦全州教育，而州官又浼吾辦員警，豈暇為此？」請者又徐曰：「君盍姑問之，某家固尚有三牛也。」此人聞言，即俯首沉思，不復言有暇否矣。

一州縣性熱衷，友戲之曰，今與汝為同列，假汝為道府，吾見汝當請安。言訖，即半跪。某遽答禮，且起之曰：「不敢當。」友鼓掌曰：「汝今猶與我等，何已作上司態相向？」某大慚。

有令於海南者，妻出，轎人語相嘻也。疑之，歸告諸夫，且效其語。官亦效以問書吏，書吏囁嚅對曰：「彼言天將下雨耳。」官因疑之。他日聽訟，適將雨，官乃作前語，差皂盡笑，甚至訟者亦破顏。官嚴詰他吏，乃曰此謔婦女之穢語耳。官大怒，重責前吏始已。

有挾盛意而之都城者，百計營謀，得以千金拜某貴族之門。一日，訪友於某廨，貴族其長官也。俄而傳呼長官至，友出迎，某亦自窗窺之。友歸，某喈問曰：「正堂未至乎？」友曰：「適昂然而入者是矣。」某又詫曰：「何曾是？」友曰：「汝言怪矣。我不識，豈汝轉識之歟？」既而轉詰某，曰：「君何由識之？又何以知其不然也？」某疑忿之餘，方欲剖明其故，忽覺言之反自露其醜，泚赤有頃，遽去。知其事者，蓋出於被紿也。

杭人張某，官京，獨居會館，醉於鴉片。嘗夜臥煙榻，彷彿若有入其室者，張半睡，挾鼾聲問曰：「誰乎？乃擅入此乎？」遂昏然睡去。少頃，又聞聲，曰：「嘻！君尚不去乎？」俄聞窸窣聲，曰：「汝乃欲探我物乎？」已而其人膚篋，取其灰鼠裘，公然出。張又曼聲曰：「汝乃不羞，攫我物去。」一頃之僕至，見室門大辟，異之，入視知狀，視其主人猶弛然如醉蝦也。

紹人經某[1]，以電爭立儲事出走，居澳門。某宮保以不獲於粵之故，將使返國，乃控經欠公款。經之徒亦延律師抗爭。已而有出助經者，特自海外來經理其事。因詢律師何人，乃某宮保常年所延之律師也。某大詫曰：與人對控，而延敵人平日所用之律師，天下事之怪殆無過斯者。座人皆失笑。

蘇報館被封，主筆有被捕者，館中人恐，即倉皇出延律師。適值星期六，諸律師依例閉門。至一處，叩門丐急，乃得入，因陳其情。此律師詳審之，叱曰：「汝等報館中人乎？汝報干犯法紀，吾方為官窮究，幸汝女流，否則即喚捕拘矣。」此人聞言，乃倉皇走。後詢之人，乃知為擔文狀師

[1] 光緒二十五年（一八九九年）十二月，候選知府經元善在上海聯合海外華僑，上書慈禧，請保護光緒帝，下旨捕元善。

之夥某狀師辦事處也。

郵傳部初亦譯西報，日呈諸堂，有人看否不知也。忽沈雨蒼[1]侍郎曰：「吾輩欲知者，大段之事耳，此等散碎事譯之何為？」命停譯。譯者言曰：「向所命者譯路透電也，安得有大段？」沈始悟曰：「即如此，亦可不須。」

留學生向某竊得法國海軍祕密，又胡某寫得日本祕密事。二人皆鄂人，南皮在鄂時所派遣者。署督某殊不審其事，痛恨之曰：「吾湖北歷年糜如許金錢，不意乃養成兩賊。」

天津楊柳青有王某者，初但閉門作八股而已，逮庚子聯軍入京，乃矍然醒，遂極信仰新說，於西人言尤深信不疑。庚戌，哈利彗星現，天文家頗謂，如彗之尾與地球遇，則地球立即消滅。某大以為戚，不忍睹世界消滅之慘，欲前死，且勸家人及知好同死。或勸之曰：「即有之，盍俟將近時始死亦未晚。」某掉頭曰：「恐已來不及。」竟吞鴉片煙膏死。聞北京學堂中頗有聞之而哭者，而女學生尤甚。嗚呼！是亦不可以已哉。

學堂逢星期日放學，遇萬壽節及春秋丁祭亦放學。今年二月初三日丁祭，是日適逢星期。某官

1 沈雲沛，字雨蒼。

學校之學生謂，如是則今年少放假一日，因求補假，校長遽許之。此甚足怪也。蓋丁祭放假，以其為大祭日之紀念也；星期放假，以節勞逸，且校中課密，有此一日之假，使學生得理其一星期所受之課也，非以放假為學生之權利也。且學生方以求學為急，惟恐曠廢時日，何為爭此一日之假也。

都中之報，有日詬一貴人，而貴人乃未知者，蓋貴人初不看報，亦無暇看報。其名位相若之人即有知者，恐怒之不敢言，亦恐觸所諱不言也；自余進見者必皆有所求，不復暇及此。且知之未必能禁，不如不使知為佳，故始終不知也。

御史蔣式惺奏，華人存款宜存本國商號，因言慶親王存滙豐銀行一百二十萬，請飭令移存莊號。孝欽擲示慶邸，慶邸大懼，力辯，請派查。於是派鹿大軍機等往查，值是日星期，銀行不啟門。翌日又往，則謂並無此款，事遂寢。此事有無，朝野莫不了然，無庸余贅言矣。惟當時乃忽有極怪謠言，謂蔣君因此大有所得。前派查時，銀行中人即私與蔣商略，乾沒此款，屬蔣隨查時勿加跟究。行中人因先詣慶邸，問來查時，應直告以有此款，抑應諱之歟。慶躊躇曰：「但可言無。」行中人曰：「如是請書一紙為信。」慶不得已，書與之。而此款遂為行中人乾沒，蔣亦得一二十萬之多。常州某君曾為予言之，且歎蔣君雅望，何乃有此。余謂此事不確，行中欲乾沒此款，何必與蔣商，使生枝節。已而又有人謂：「奏上時，行中人即與蔣商者。」余曰：「奏上時，行中固或未知，且安知必派查。」久之又變其說，謂蔣此奏，實行中人商令作為瓜分此鉅款計。余曰：「此更奇，蔣未必與行中人諗，且行中人安敢以此未必然之事，而輕與人商。」總之，以如是著名之銀行，經理之人固必慎選，且稽核尤密。安有此等鉅款任人侵吞之理。然此謠至今猶在人口，因歎吾國興訛造訕之人多，而研究剖白之人少，是非何日得明乎？

辛丑議和時，英人恐俄之私得益於我也，因公約之曰，凡事非在公中議者，不得為據。然緣是而英亦不能獨伸其意。凡俄、德意見不合者，英皆不能提議，而吾之訂約者亦稍得操縱於其間。固知凡事利害之數，至難言也。

西人書中有言美洲深山中見有猴酒者。余偶翻明人百家小說，中見嘉興人李日華《篷櫳夜話》中有云，黃山多猿猱，春夏採雜花果於石窪中，醞釀成酒，香氣溢發。野人深入者或得偷飲之，不可多，多則減酒痕，覺之，眾猱伺得人，必嬲死之。是則前人早言之矣。

明・王鏊《震澤長語》曰：「梵人別音，在音不在字；華人別字，在字不在音。故梵有無窮之音，華有無窮之字。梵則音有妙義，而字無文采。華則字有變化，而音無錙銖。梵人長於音，所得從聞入。華人從見入，故以識字為賢。知釋氏以參禪為大悟，通音為小悟。」按此一段，即為近人欲改華字用字母之義。然吾國之字以義為主，實有足自立者，斷不能舍己從人，且天下亦無數千年數萬萬人習慣之事，忽欲盡廢之之理也。

分我杯羹，自宋以來，詆之者多矣，載諸論議，形諸詩詠。無論舉大事者不能顧家，且置諸不顧，則人雖至愚，斷無殺人父使人得恃為口實之理，是急之實以緩之也。若一聞其言，即遣使求釋，則彼挾以為資，自此事不可為矣。宋儒不識情勢，致有此等迂論，可發一笑。

周反為唐，固由五王。雖然武后末路，於此亦不經意矣。蓋自古盜賊奸慝攫人之財，為將私諸己也。今挈而與侄輩，為得計乎？此最可疑惑者也。故唐臣爭此者百端，而惟姑侄與母子孰親一語，最足感動其心。蓋以常情論，則婦人視子與侄相去不啻天壤。今忽以己一生所營者挈而與侄，則已亦惑不解也。雖然，假使中、睿二宗非武后親子，則唐終不祀矣。

《論語》：「公山弗擾以費叛，召，子欲往。」按公山之叛，以魯之墮費也。墮費之謀出之仲由，實本之孔子，與墮郈墮郕同時舉行。考《左傳》，則後來公山攻魯公，孔子實令人禦之，意此為初叛時事也。然公山叛，明知謀出孔子，而必召之，奇矣。孔子忽又欲往，尤奇之又奇。試思孔子果往，將何為乎？其助公山以攻魯乎？抑說公山使不叛乎？此一段公案，殊令人不解。

西人言，人盛怒時，但須默數數目，自一以至十則消矣。喜怒者純用氣，一用心則氣自平，怒即渺矣。

某年，日本大操，俄將領有往觀者，忽見兵隊中一華人，大驚。謂一日本已足雄東方，今乃中國人教以戰事，則太平洋豈有歐人插足地乎？按彼時吾國留學日本武備學生有二人入兵隊，故與合操，然服裝及狀態與日兵初無大異，惟領結中標記異耳。而俄將於萬人雜遝中，一瞥眼能見之，亦精矣。操罷，外賓皆散，吾國往觀者相謂日人軍隊之精。語為俄將聞，遽藐之曰：「汝輩何知軍事，彼之缺點多矣。」因歷指其故。吾國人聞之，舌撟不能答一字也（按：此事在光緒三十年甲辰之前）。

日本文部省有專掌名詞者，遇有疑難不能遽定之名詞，則登報招人各擬以進，合用者與以賞金，故皆有意義。吾國未嘗加意於此，而猶動笑新名詞，亦可怪矣。

西人有精於畫者，名甚高，顧不敢自信，恐友朋之阿己也。乃懸畫通衢，置筆札其上，請途人評之。翌日取以歸，則見評者甚多，而皆指摘畫中短處，訶詆利病者極多，或言某山不似，或言某樹不佳。合眾評觀之，幾無一筆足當名畫之目者。自念己畫縱不佳，何至醜劣如是，姑以畫並眾人所評，復置前地。又數日取歸，則評者復不減前，皆捨畫而評前此評畫之語，詆評者之無目，謂畫本佳，而指摘咸誤。畫師合前後評者觀之，喟然曰：「吾始知人言不足為據。蓋先之評者，非志在畫也，務摘畫中之短，以示己之眼力；後之評者，亦非志在畫也，且非果知前評之謬也，不推翻前人，則不足見己之長也。是二者皆為己，非為畫也。余今不復求人，仍求諸昔之師友可矣。」

路透電之訪事人有特別之三例：一不得兼他執事，二不得私自著書，三不得娶妻。若辦事久者苟欲娶妻，可於英倫之總局商量，倘總局有需人之處，調之返英，始許娶妻云。

比利時與瑞士同為中立國，不與和戰之事，此吾國所羨也。然比皇殊不安於此，且密為戰備，不得備戰艦，則以商艦之名義為之。前比皇自以私財豐殖非洲之剛果國，近年果收剛果為比之屬。而各國不能問，以財政皆在比皇一人之手也。英倫之人亦反對之，以辟地多英人，然以為比皇所運用，無能為也。近來剛果與吾國締約，蓋實比國之代表。是則比皇一面有中立國之比利時，一面又有非中立國之剛果，可進可退，可戰可守。有此則將來從事於世界，必與中立國之道異矣。

西人呼倫敦為陰溝，以其地繁猥叢奸，各國罪犯一匿其中，即無從尋覓也。又呼上海為地獄，以既無禮教範圍，又無法律管束，幾為萬惡薈萃之地也。然西人呼為地獄，而我國人乃視為天堂，豈不哀哉。

歐洲社會，普通皆恨醫生及狀師。有譃醫者云，一醫初頗暗淡，已而業大興，積資娶婦，新婚頗燕昵。一夜將就寢，忽電話至，往聽之，則好友某，以急病促往視也。西例凡醫遇人以急病來請，無論何時必須命駕。醫戀婦憚行，急曰：「速告以不在家。」醫言之時，夜靜又近電話匣，語遂為友聞。次日始往視，友恚其無心肝，俟其視畢，詢醫曰：「聞君新婦甚燕昵，然否？」醫頷之。又問新人德性，醫亟言佳。友曰：「以余觀之，殊足致疑。否則余昨電話相請，君既不在家，而余發電話時，連聞有男子聲曰：『速告以不在家』，此何人耶？」醫知其以是恨己，然無以自明也。

有貴婦人在汽船，誤認一客為水手，指揮之曰：為我攜箱籠置某處。此人即故語曰：可告汝主人，余方忙，無暇為此。貴婦雖欲責其慢，竟不能語也。

英人商於墨西哥，店中一人以疫病死，員警依例錄肆中物將焚之，店主請遲三日。問故，曰：「貴國法吾不敢不遵，然吾之資本亦不能不計。予我三日限，吾將簿錄其物值，及復設肆時中間所損失之商務，開清單呈我公使，索之貴國政府也。」員警聞言，乃不復錄。

英婦女之爭選舉權也，可謂劇烈之甚矣。今竟爭得，此亦世界一大變相也。余聞此事亦有相迫而起之勢。蓋英之選舉權最普及，雖隸圉亦得投票，而尊貴婦人乃無之，未免相形見絀。甚至有寡婦主家，擁百萬之富，無一選舉權，而輿臺隸僕輒每人有一票，誠有令人難堪者。故至此大競爭，雖然婦女有選舉權而無被選舉權，則爭猶未已也。但不知將來爭被選舉權時，又如何景象耳。

問：近閱西報，英皇之於即位誓辭，何如是為難歟。曰：英立法，凡新君嗣位必宣誓以耶穌為國教，而視他教為邪教。此耶穌教戰勝天主教時所定。近國民頗言凡文明之國，均許信教自由，焉得目為邪教，誓辭必須改正。此事在英極為難處之事，蓋愛爾蘭及坎拿大、澳大利亞等處屬地之民，大率從天主教，萬一不如所請，則各地皆有叛象，倘改正誓辭，則國民即時解體，亦大可懼。前皇嗣立時亦防及此，乃於誦誓辭至此處時，故低其詞，又亂以他種聲音，幸得無事。然此法不能再施，故今皇於此一事甚躊躇也。

近來歐美兵備，愈出愈奇，聞之咋舌。魏君沖叔為余言，近西國海口有不用炮臺之法，沉器於海口兩面，而置炮器中，有電線達於海口，兵艦入口觸電，器即自躍起，炮彈兩面擊射，無得脱者。飛船精矣，攻飛船之法亦多，顧無足以制之者。則有人思得一法，以炮置至速之電車中，見空中有飛船，即開足馬力追之，電車速於飛船數倍，無不及理。及則以炮仰攻之，稍摧其一二處，飛船即翩然下矣。從前魚雷必探知敵艦所行方向，發魚雷時使所向線路適與敵艦所指線路為三角形，故軍艦率不走直線，而行之字線，鮮能命中。今則岸上人以電線通魚雷，見敵艦至輒測準分秒發之，中之甚易。又有一種魚雷，侈其口，能循聲所在而猛進。艦行水中聲至大，魚雷一觸此音即直前，艦不能避也。又有毀營壘之利器，狀如大鳥，中實彈藥，見營壘即發電，此器便如飛而往，至其處即降，彈四出，營立毀。故歐人聞戰，無不栗栗危懼云。

錢塘范生熾泰，余戚也，嘗奉隸邸[1]命至新加坡。聞其地守禦至嚴，凡兵船過口外，炮臺上輒見之，口內守禦數重，敵艦斷不能闖入。至外人欲觀炮臺者，則不能觀貯火藥之所，觀貯火藥所者亦然。范以託人往言，故得兼視，然亦謂吾國無足忌也。范見守炮臺人，謝其如許小事乃荷注意。其人正色曰：「吾不知何者為大事，何者為小事，惟一律專心為之耳。」按此在吾國幾視為理學家名言，而西人隨在皆能作此語。然則自強之道，固獨有在矣。

英前女主以利沙伯，老猶好修飾，傅粉不熨貼，輒咎女侍。女侍憾焉。一日相約以紅粉濃塗其鼻，出視朝，群臣乍睹，不覺失笑。女主問故，乃曰：「臣等見陛下春秋高，而丰采若少年，不覺喜而笑耳。」

三藩市公園博物院，有西婦以庚子在吾國都所得城門鎖鑰一枚及顧繡、旗幟等物送院陳列，華僑見之羞焉。

美國人死必範像置墓前，或銅或石或石膏均有之，價千金至數萬金。近有用磁像者，蓋創制於我國廣東商會，價廉而能鬚髮畢肖，聞頗風行云。

1 肅王善耆。

近美忽有礦師蓮古氏至芝加哥，之綺羅蓮城省（省城）[1]，見前總統林肯之守墓委員，謂林墓中藏有二十萬元，請准發掘。委員恐失眾情，不可而罷。按林墓乃藏巨金，良不可解。

吾國人至美者被官吏拘留，獨不得與親友及律師相見，至不許書信往來。此事極為不平。近有美人卡勒臣底君，乘三藩市中華會館聚會之時，覓董事，為我華人畫計云，曾以此語問管理外人委員士都活君，亦無以答，但言習慣而已。問如華人能集團體，遞呈農工商部大臣，求准未登岸之華人與律師親友相見，並准書信往來。又傳訊華人之案，先四五日通知原人及其律師可否。士都活君謂，如果遞呈，我必幫忙。故今已設法辦理云。

俄羅斯大文豪托爾司泰伯爵，去年（西曆）十一月廿日逝世。卒之日，俄帝下詔敕唁之。噩耗傳遍世界，無不以頓失一學界偉人為深惜。氏所著書不下數十種，有一書名《戰爭與和平》者，尤為受社會歡迎，以尊崇人道，力主弭兵也。不意氏去世未久，戰爭即起於家庭，不亦可歎乎。家庭戰爭之主腦，實氏夫人安得雷那與季女亞力山德二人。考夫人本德國貴族女，才智過人，性好施捨，托氏甚敬禮之。非惟一切家政悉歸夫人主持，即生平著作出版亦由夫人襄理校勘，故托氏著作所有稿本全在夫人之手，不啻將著作之權利讓與夫人矣。比托氏易簀，遺囑乃謂平生著作，無論小說日記及已刊未刊之稿，其繼承權悉由季女亞力山德所得。此遺囑當由氏女呈明芝拉末裁判所，經

[1] 林肯墓在其故鄉伊利諾斯州首府斯普林菲爾德之橡樹嶺公墓。

裁判官援證法律，明白承認。然托氏著作草稿向歸夫人執掌，夫人以托氏生前早許繼承，遂出而抗爭，絕對不承認此遺囑。將托氏所有貴重品物及一切原稿，賃莫斯科歷史博物館餘屋一楹，盡挈而儲藏其內。亞力山德與之理論，夫人惟置之不答。復通函約期談判，屆期夫人乃作遠遊，終未獲謀面。女遂留書與母，委託公證人轉遞。大旨謂遵父遺囑，法律承認，自後當禁止母氏出入莫斯科歷史博物館。夫人接書，遂起訴訟，其理由謂亞力山德係受戚露得科所嗾使（戚露得科不知何人。下文歸外國云云，至為可怪）。托氏著作全稿乃俄國之寶，應視為俄國民之共有物。若聽謀叛人戚露得科指使，則無價珍品將歸外國所有，萬不能永遠保存於本國，是以起嚴密監督之意，主張受此權利。被告則謂，原告不遵遺囑，只圖利己，要求裁判長官飭速將全稿交出。邇來母女日處法庭，互爭曲直，讞員以各有至理，萬難為平和之解決。然俄國一般輿論，幾與夫人表同情。噫！托氏地下有知，其亦深悔生前之自擾乎。

紐約大埠，中貫一河，河中有一島，兩面皆有橋達岸，為全埠最繁盛之處，估值美金一百萬萬元。從前歐洲人於一六二六年，以燒酒念珠得之印地安人，才費二十元，但可購今地一英方尺之百分之二十耳。

前言英皇加冕之遲遲，蓋緣宣誓教務之為難。今觀《國民公報》所載英皇誓辭，但言尊隆國教，而不言國教之外皆為邪教。意者百方曉諭畿甸之人，俾不為難，故得如是歟。

近來噪禁米出口者，咸出其學說以為盾，且以西事為證，顧各國何嘗無禁米出口之事。吾嘗見有譯德國小說名《大除夕》者，載戶部大臣乘假面跳舞會時，要求某皇子，謂某大商家將索還皇子前所假鉅款，若許其運米出口，則不特不索前款，且當獻金若前所假。時戴假面者實非皇子，蓋使他人代之，以其為假面所蔽，故戶部大臣不知也。其人即代皇子答，謂如此亦可；惟准米出口，而民間嘩米貴，則當惟汝是問云云。小說雖非實事，然足見西國亦斤斤於此也。

毛利孫，印度人，為英倫《泰晤士報》訪事於吾國垂十餘年，聲名甚著。歐人考求泰東之事，幾皆以《泰晤士報》為主，即不啻以毛所報為主。毛之詞，頗右我國，而駐日本之《泰晤士報》訪事，語乃相反。於是輿論沸然，謂毛有私，且有謂其受我國賄者。前年，《泰晤士報》特派人至東方察勘其事，先至日本，頗入駐日本訪事人之言；至中國加意搜求，顧無瑕可指。既返報，而館主終不釋然。久之，始悟其誣，令回華治事如故。按毛君年前忽然回國，已而又來，對人言如此。其果然耶？抑為此以為交結華官地耶？則不得知矣。毛不能華語而能周知吾國之事；尤奇者，則遇吾國通英語多聞見之人，從未以吾國事相詢，亦不以吾國事相質證，不知其何從得如許消息。或曰伊之閽人月得金甚多，為刺探祕密，甚至宮禁事亦極靈通，故毛於吾國消息遠過他報訪事，不知然否？前時毛為某親貴外傳，羅列事狀，至為不堪，屬報館俟某親貴身後始登之。不料報館不守其戒，某親貴後為內閣總理，即行登載，致各報及中國之報皆登載。毛大慚，責報館之無信，而英國各報及各國之報，素忌《泰晤士報》，則乘機力擠之，謂其不道德。又謂於禮久居某國，不應毀其貴人。甚至謂此吾甚願毛利孫君未撰此文，庶於名譽無損（按：此語在歐洲人已為最重之語，非若吾國動輒以狂詬毒詈為快也）。然各報所言，果為正理耶？抑有外交手段存其間耶？是亦待考矣。

今日欲存立於世界，大之國家，小之凡百事業，不戛戛其難哉。英《泰晤士報》非所稱寰球第一報歟，前時至謂三行告白，每歲所入即可為其女奩資，其財源之富可知矣。然局面大則開銷巨，探訪廣則薪俸多，於是有所謂一辨士報者乘之而起。蓋《泰晤士報》每張須數辨士，而此等報以開支之輕，每紙只須一辨士。而緊要消息乃與《泰晤士報》同，人何樂不捨貴而趨賤。惟有局面之人及認真講求之人，自不能不看《泰晤士報》，然較之前已銳減，故前數年已易主云。又路透電從前寰球只一家，故事業極發達。然後既歸於英，不免偏袒，而為他國所不便。於是德國首創一柏林電報以分其勢，路透之生業不免衰滅，去年已紛紛裁人，其內容之窘可知也。

英人禧在明前為吾國外務部顧問官，嘗謂人曰：渠幼時嘗墮車傷腿骨，醫謂宜斷腿。禧之孀母不可，曰：「吾受伊父母託照料之，今乃失一腿，吾何顏對伊父母。」醫乃必欲斷之，曰：「既請我醫，則我有全權，何人能幹涉我。」禧之孀母，惶急甚，乃伏身於禧之腿上，力拒乃已。後求他醫，無幾時，傷合而腿如常人。於此見西人信醫太深，授醫權太重，亦有流弊也。

美國尼古辣以幻術遊各國，甚有聲。如人坐帳中擲器有聲，猝然啟帳，而人已杳。又，嵌一女子於匣中，頃刻開之，則已倒置，且四面通徹，不容有移換之地。客皆歎其精，然此猶他人所有也。尼之技最奇者為脫械，無論若何鎖梏，若何捆縛，或鎖而又扃諸櫃中，均不移晷而脫然出。遊北京時，余友魏沖叔與一西人，以歐式之鐐銬親自銬鎖之，而以指捫其鎖孔。初覺孔中頗有聲，以為指所抵，聲乃寂然，則遂舉臂力揮鐐，頃之即解。近有人自上海來，言尼至香港，乃兩受窘。一有人請扃諸實牛奶之箱中，尼良久不得出，而牛奶又甚熱，聲息似甚殆，乃發扃出之。一扃諸數層洋房之升梯，此梯門閉則若鐵絲之籠，所懸之地上半在上層，下半在下層，亦不能出。又尼嘗謂若嚴縛而墜大鐵球於頸下，由傍海之五層樓上躍下，則此一躍之頃，即能將所縛盡解，蓋不解，則既墜鐵球必沒海中也。後為港之警官所禁而止。至帳中人杳及匣女倒置，則築台時有人見之，蓋台之中另劃一方，中置活板可啟閉，種種幻狀皆由此，絕不足異。惟台下看似通透，而實有闌隔人眼之法，蓋不外光學之理云。

歐洲戲劇，凡見怪出，則先後均有火，正與吾國同。惟我國火在場前，而彼則在場後。蓋平常門之旁另有一門，鬼出由此。甫出則驟揚一火，出後門即自閉。入時亦然。地相去數萬里，而此小節乃同，可怪也。又作戲術者，西人亦以方布為遮掩計，此則因於自然，非仍襲也。

今人動謂西俗重優伶，並盛稱其傭價，一出有至數千鎊者。吾杭俞琴怡郵部言，此等大身價之優人，在歐洲亦不多見。若平常班中著名之腳色雖月金甚大，顧班主甚恐其積金多，則將棄舊業；若為女伶，尤恐其嫁人，則以術多方愚弄之，俾月人常不足用，常至舉債。債無可假，必將借諸班主，則此名角者自不能離此班而他適，其羈縻之道如此。

美國有講天文學者云，新近用三角玻璃察得北極中有火光線一條，上繫於日，以提挈地球而時轉動之。其說絕奇，然世人無信之者。

或狀俄也尼塞斯克之冷雲，兩人在室中言語亦不能聞，以語甫出口已為寒氣冰結也。又曰，嘗有人春末獨坐室中，忽聞人語，怪所從來，察之，乃去年冬間在此室中人之言，久被冰結，此時化解而為人所聞也。

北美某處絕冷，無論用何材料，冷氣皆能直入。無以乃以冰為之，寒氣乃不能入。其用冰為屋之法甚易，法以金類物為範，以水瀉之，稍頃凝結，砌為牆為屋宇門窗，地亦用冰鋪之，以狗皮鋪其上，反稍和暖。

粵人學英語，轉輾訛舛，相習不變，名曰咸水外國話。上海則名洋涇浜話。凡買辦細崽多用之，遂成華人與洋人交接之關鍵。於是凡西人欲來華辦事者，必須先學此等語言六個月，始有人延其辦事。語曰：習非成是，此之謂歟。

英王亨利第四為太子時，其友以賭博事被法庭裁判。亨利第四前往為之緩頰，裁判官曰：「此係國家之法，非我所能私。」太子固請，官執不可。太子大怒，遽前批裁判官之頰。官大怒曰：「此處為我之權力所在，汝何得然！」即令人縛之。未幾亨利第四即位，此裁判官懼罪將辭職。亨利第四亟使人止之曰：「汝能奉職，將來必能效用於國家，宜留輔我；且吾被此一縛，大有進境，方德汝也。」於是國人咸頌王賢明云。

十九世紀之德國尚微，不得與強國之列。於是法人之言曰：「英管海，法管陸，德管天空之云。」其意蓋侮德也。然近百年來，德進步極速，幾有一日千里之勢，而飛行機亦愈發明。假使德果能假此以制勝，則「管天空之雲」一語，不且為德之佳讖歟，亦以見輕藐人之言不可輕發也。

余年家子朱英爽齋，至義大利遊學，嘗與同學至意之舊都弗羅林司，觀三十年前之王宮。宮甚大，內有書庫、油畫庫，又有磁庫。各國磁器均有，惟中國之品最劣。蓋緣中國人以外人羨中國磁器之名，而未必識磁，往往擇其最劣者售之。然人非木石，焉有不識物之美惡哉。故目下磁業均為日人奪去，於中國商業上大有關係。又宮內最奇者，意王所臥之床，床有頂，以錫為之，形如葫蘆，絕似中國四人轎之頂也。又桌上椅上均被黃緞，亦奇。

朱文以其德文教習之介紹，得識一意人，名加祿步尼，哲學極深，於中國學問研求頗精。與之談史，滔滔不絕。家藏中國書籍甚夥，占屋四間，中有木版《史記》、《十三經》、《通鑑》、《本草綱目》、《皇朝輿地考》、圖譜、書譜、醫書、風水書、各種小說（如《石頭記》、《今古奇觀》、《桃花扇》等），均係精刻，近世罕見者，而以佛經為尤多。加閉門力學，不與人交接，終日讀佛經子書，據云讀中國書已三十餘年矣。故彼都人士均不識其人，伊亦不輕易見客。朱之得晤者，以中國人也。室中陳列，有中國之古玩。最奇者，談次有一語，譯意為我已死矣。殊不知其何所指而言也。其人並未來華遊歷，望之如中國之老學究，且生平不肯乘坐火車、電車、輪船，斯亦可謂泰西之奇人也已。

香港之例，不許造教堂，不許用法之銀幣鈔票，有犯則每元罰二十五元。

香港初令華人夜十二點鐘出門，必與婦人偕乃可，以港中盜風盛，偕女眷行，必非盜可知。不意盜呼妓同行，於是禁止男子夜半後行路，婦人則否。而盜又偽為婦女，遂悉禁止即夜半前亦須有路照，港之華僑大患之。逮光緒中，維多利亞皇舉行即位六十年慶典，港民乃要求三事：一、不得禁止華人夜行，並不得強用路照。因盜風之熾責在警政，不能施此苛例。二、不得獨施背刑於華人。三、不得苛檢華人行李中之鴉片煙。倘不能允，則英皇慶典之日，華人一律閉門。港官允前二事。末一事則以與華官訂定，凡香港進口之煙土，只能留港若干，餘則應悉數出口，以便俟其入中國各口抽取土捐，否恐其在港熬膏，散運入內地，致與稅務有損也。因此之故，不能照允。後再三磋磨，乃定凡行李中攜有煙具者，則取土外仍科罰，如無煙具則不科罰，以防栽贓之弊。如是始依例慶賀云。

吾國雷允上之六神丸，銷行日本最多。近聞日本醫生忽謂此於衛生非宜，請禁入口。又臺灣之糖，日本初亦以有礙衛生，禁入口。及得臺灣後，又大發明此糖於養生最宜，勸民間買用。

前者東三省之防鼠疫，幾半年於茲矣。於是大豆等行銷至歐洲，頗有為難之勢，而日商辦此貨，積存大連、安東等處甚多，大懼，乃亟宣布鼠疫並不及大連等處，遂得暢銷無阻。又，近來英商以中國豬肉銷行於英者甚多，醫生亦大發明豬肉為佳食品。前以疫故，有人謂恐非宜，英商乃宣言，此豬肉為漢口出口之物，與東三省渺不相接，於是銷行如故。

德國炮工大學校專習槍炮製造，中國留學諸生本無習此製造科資格，故前丁文璽、張一爵、易宗堯、高孔時入校時，均以算學、化學、物理程度不足改習他科。惟朱和中天資明敏，學術精深，得入是科，然因屢次試驗在前，頗為德人所忌。該校定章，本班六十四人，年終大課得及格者僅十四人。朱曾學過兩年，去歲學期試驗亦在十四人之列，理應升班，俾得卒業。乃德國兵部、外部均忌刻朱，要令出校，不准再學。朱乃一面直上書於德皇，求其允許；一面與校中總辦兵部侍郎克斯庭交涉，求其代為調停。日前已奉德皇諭旨下使署，允朱入第三級、第四級，並學至卒業云。

列強棋布，日謀併吞，今則歐之德與亞之日本為尤甚。德內力既足，復四顧以求逞其蠶食之心。荷蘭者，國內語言多同於德，故德頗涎荷蘭，而荷蘭皇族不昌，今乃僅一女為國主。德皇以為是可圖也，乃佯與為好，擇德國中一小國之皇族，其人類呆頑者匹之。既婚，則使人問之，冀勿好合也。既而有妊，則使人導以騎，冀其墮胎也。於是荷蘭民知之大忿，相約如女皇死無嗣，則荷蘭即改民主國，永不屬他國。後女皇果生子，國人大悅，慶賀之盛有加云。

英之蘇格蘭、愛爾蘭，雖久屬英，然民情終不服，屢謀獨立。二地之人不欲人稱為英國人，故遇不知者問之曰：「君英國人乎？」彼必正之曰：「余不列顛人也。」蓋不列顛者，實英倫、蘇格蘭、愛爾蘭人種之共名，故稱之云。

我國人素不重衛生之道，居室卑污，衣服垢穢，致滋生種種齧人肌膚、吮人膏血之蟲類，若蚊、若虱、若蚤、若蠅、若蟹，無南北，無東西，何處蔑有，而其可厭惡莫如蟹。然亦不盡我國有之也，即號為淨土之歐洲亦時時發見焉。余友潁川君遊學歐洲殆十年，足跡遍全歐，為余言，我國人崇拜外人過甚，即以蟹蟲論，僉自認為己國特產品，而他國無有也。何其不察究竟而輕易言之如此耶？往遊巴黎，宿一著名之大旅館中，坐於榻未久，有物齧吾股，召館人問之曰：「此屋其有蜰蟲乎？可為我易一室。」館人力白其無，且矢誓，余遂安之。睡未交睫，即臭氣沖鼻，蜰蟲緣榻而來，集喙於吾四體，癢不可忍。起，燃燈燭之，得一則殺之，塗其血於壁，竟夜殺無數，壁上之血痕縷縷然，然猶未盡誅滅也。倦極，稍能睡耳。晨起舉示館人，詰責之，彼乃大慚，亟移我於他室，而以粉堊其壁，敢怒而不敢言。西俗如污壞其牆壁，乃不規則之舉動，例得索賠償。今以此事如一爭辯，則人皆知之，其名譽有損，其營業且立敗，故惟有忍之而已。吾舉此事，第其一斑耳。顧非特巴黎有之，他處靡不若是，而尤以通都大邑、愈繁盛之地為愈甚，余亦備嘗之矣。豈果我國所特產者哉？崇拜外人者毋乃太過歟。（蜰，臭蟲也。見《爾雅》注。）

歐洲化學家嘗病地球月少，夜間不能使大地通明，乃相與考求月之原質，係用何材料所造。皆已勘究明白，惟未得造成後送出地球蒙氣外之法，遂作罷論。

近著名天文家用天文鏡察得火星內亦有運河，且甚長，非地球上各國運河所及。又察得火星中亦有人，悉著翅能飛行，且審其人亦知電學。因伺其與地球切近時，發一電光射之，良久，輒有電光回至其處，如復音者。凡三發皆然，猶疑即地球之電光所折回，因擬再發電以試之。尚未即行，忽已有電光從火星射來，始知火星中人果知電學，且知電果能射出蒙氣之外。近巴黎又造極大天文鏡，較舊者大數倍，若造成時，必可新得無數奇理矣。

英戈登在本國時，初未知名，後至中國助剿髮匪，屢獲勝，名始漸振。軍務平，回英。前十年時，奉國家命平非洲亂黨，布置周密，復報政府曰：「非洲地曠而人悍，非益兵不可。」時沙侯為相，偶遺忘，未將此事交議院議，已而戈登果為土人所戕。急電倫敦，沙相方在某戲園觀劇，時座客萬餘，一聞是電，咸不觀劇而毀罵沙相，戲場為停劇。沙相之名由此頓落。

前英主維多利亞病劇，偶小閒輒乘馬車出遊近郊，以釋煩鬱。見一小兒持破瓶哭路旁，呼前問之。小兒曰：「適母命市醬油，不意跌仆而碎瓶，歸為母責，故哭。」維多利亞曰：「無庸，吾給汝錢，汝更買歸奉母，可也。」遂與數先令。兒歸，母詢汝何從得此，兒白女主見賜狀。翌日，母乃買麵包一盤，使兒奉上女主，表敬感之意，兒遂奉以入宮。至寢宮前，見護衛嚴肅，兒欲逕入，為禁兵呵止，並問狀。兒因言緣蒙女主之賜，故奉此以表敬意。兵曰：「汝所云女主者，已於昨夜崩逝。」語甫竟，兒嗷然大哭。嗣主愛德華聞之，遣人詰問故。嗣主遂自出，親降階執兒手入曰：「汝所最親愛之女主竟已捨國民而長逝矣！」於是兒哭，嗣主亦哭，遂厚賜兒使歸。西國君民之相親愛，殆皆如此，吾國人見之，直如談古史矣。

俄虛無黨之祕密狠辣，為世人所驚。嘗有一木匠入宮，繕營屋宇，或密言其為黨人，使衛士窮搜，無所得。月餘工竣，出語其黨曰：「余事已竟矣！靜候明日午刻，宮中炸發耳。」蓋此木工每日輒懷炸藥少許入宮，藏諸枕內，積久之，藥已多，則埋諸餐室案前之御座下，而以電線通至宮外，伺皇食時發電，則全室皆成灰燼。不意是日皇適不在此中食，電發室壞，而皇無恙。木工大為其儕所笑，忿然曰：「吾必別謀一事以酬吾黨。」後某總督被戕，蓋此木工所為也。

嘗有攜捲煙數千箱過某關者，俄官吏貪，既檢查後輒取數箱去。他日取煙吸之，覺無味，不似常煙，啟視之，蓋虛無黨寄至海參威一帶之報紙也。亟發電至海參威嚴緝，則報紙數萬已沿途散盡矣。

卷六　雜記

或老病，忽欲鄉試，後輩群笑之曰：「豈君猶有雄心乎？」曰：「雄心不敢有，雌心卻還有點。」曰：「君骨柴瘦，入場為千人腳底泥矣。」老者曰：「吾骨嘗煉三十年，坐此銷其皮肉，或無慮。」問者曰：「君自揣入場，尚能做文歟？」曰：「吾雖不能做文，卻尚能為君輩看題目。」

余少時，見市中犬鬥，輒以水散之。前數年，上海通商銀行以被人造假鈔票之故，持票取銀者紛集，至塞路。巡捕無奈，假力於水。余甚以為異。近年乃聞法人逐教士，則以自來水出諸室。英婦惡人之演說反對婦人選舉權也，亦發水散聽者。頃觀《神州報》載，揚州有自由結婚者，發券過限，屋將不容，而來者竟入，亦以水退之。嘻！得無以待犬者待人乎？

有鄉先生素不知劇，偶入都，或慫其往觀，久之歸。問劇佳否，曰：「他劇吾不解，只探親相罵一劇稍領略耳。」叩劇中事何若，鄉先生搖首曰：「鄉里親家固可笑，即城里親家，高的亦有限。」

甲乙圍棋，丙見乙棋將失勢，乃密謂：「君棋雖據腹地，而勢極散，若彼下數子中要害，則事敗矣。吾所為饒舌者，以君輩彩太巨，恐君不任也。」乙笑曰：「吾於各名家譜爛熟胸中，今之下子咸取法古人，君靜觀可矣。」丙去乙猶腹笑之曰：「彼雖識棋，安及古人，乃亦輕以為言，何不自量。」次日丙往候乙，則乙已摒擋所輸賭彩，送之甲矣。

兩人皆好謔，一日將遠別，因仿古人臨別贈言之法。甲謂乙曰：「做事無近稚，說話無近囈。」乙亦規甲曰：「做事無近戲，說話無近屁。」

某報謂，國會請願三次，縮短三年，若再請願二次，必再縮二年，明年開矣。有數達者偶相語及此，一人忽大驚曰：「此萬不可！」眾驚問故，曰：「萬一再來三四次，要回到光緒年間，這事我卻辦不了。」

日前提燈會，前門人至擁擠，至六七萬人。初七夜，彩樓猶存，而大街如水。有人曰：「觀此足知國民之不滿意。」一人爭之曰：「安知民間今日不慶於家，至相率不出歟？」爭不決，乃執途人質之。其人瞠目言曰：「昨日不知何事，此間籠燈萬盞，故來者如堵。今乃無是，孰冒風出乎。」二人皆嗒然若喪去。

又初七夜，前門外員警尚攔車不得入西珠市，須繞道他胡同。他處亦多如是。顧四顧實無一人，思之不免可笑。吾不知今之喋喋者亦如此否。

數人聚談，皆名利中人也。中一人蹙額曰：「自今以後，吾輩有發言權、行政權者皆難矣。」

眾問故，曰：「昔者之言官任意發言，即使實行而不效，莫有以為責者，而行政官尤易四面推諉。今則不然，政府既須負責任，而議員發一議，報紙紛載，萬一行之而事敗，則發議者將職其咎，奈何？」一人大笑曰：「人言汝癡，汝誠癡。汝於此乃竟如此呆看乎？假使吾為議員，吾惟擇樂聞者言之，務以多得拍掌為妙，而尤以發使政府萬不能行之議論為最要。倘竟行之而得禍，則事勢之遷移，辦理之不善，可諉之處多矣，若夫政府也，督撫也，皆間接而非直接也。假使僨事，則直接行政官當受查勘未精之咎，與督撫無預，與政府尤無預也。」曰：「州縣官則直接矣。苟拂民情而亂事起，將奈何？」其人瞠目視良久，曰：「汝勿憂。須知吾與汝必不作州縣以下官也。」

一人語極慷慨，時言必犧牲生命以為國家。偶與友過市場，見一相者，亦姑坐與言。相者一見即大贊之，謂必享大名，而身後名尤大，已而歷數其將來蹤跡。俄蹙額曰：「君面有橫死紋，恐將遭不測。然過某年即無慮。」此人初聞相者言，目動口哆，忽得此言，大怒，捉友臂逕去。且行且詬，謂此等人妖言惑眾，員警何不逐之。友謂此等江湖遊食，何足與較，且君常言必為國家犧牲生命，何聞此憑虛之言即不能釋然乎！此人乃大慚。

或詫曰：「凡稱商辦者，以有官辦也。今上海有商辦新舞臺，豈別有官辦新舞臺乎？」有人對之曰：「官辦新舞臺夥矣！省省有之，而京師尤出色。只是一層，官辦新舞臺不特超等老生少，即超等大面、青衫子也不多。」

今人見人稱我支那，則亦自稱為支那。人謂吾三代時為酋長時代，則亦自謂三代時為酋長時代。人稱我族自小亞西亞來，則亦自稱為小亞西亞來。是殆所謂呼牛牛應，呼馬馬應者歟。雖然，彼之應以牛馬也，以己一人之資格應之也。今乃為全國應之，是亦可歎？豈亦有所謂代表者歟？

近有歐婦以修整面目遊京師，生意甚盛。或曰：「汝若能修整心肝，則生意必更佳。」婦曰：「吾不受汝紿。若如汝言，吾閉門矣。」或怪問故，婦曰：「若是心肝好的人早不必修整了；若是已經壞的，他怎麼肯來修整？」

有醉心歐風者，事事步趨，惟恐不似。嘗奉差出洋考察，在船室中以食飽故，氣下注將泄，某極力忍之，遣譯員問人曰：「外國人放屁是怎麼放的？我好看樣。」

有數人偶言及近日報載英皇歲覲見國中幼女一二千人事。一人後至，但聞後語，以為吾國古時事也。遽曰：「此真專制野蠻。今日文明大啟，決不能有此。」群告以此為英國之事，至今猶然，因取報紙示之。此人審視良久，即謂諸人曰：「君輩勿以為異，英國所以能上下情義相通，全國如一者，全賴有此。君輩勿以為異。」

前有湘友謂余曰，湘江中有舟子告人曰：「昨夜鄰船客奇絕，一人獨坐，轉錢而視其冪，如是至曉方休，徹夜不眠也。」或問：「汝何知之詳？」曰：「吾篷隙窺之竟夜，故知之。」曰：「然則汝之癡，乃勝於彼。」

有以善詼諧自命者，一日說一笑話，而座人咸未笑。再三挑逗，猶不笑。其人大怒，謂一座皆蠢物，洶洶將用武。座人忽大笑，其人意解，急曰：「原來諸君亦深知賞鑒，適太鹵莽矣。」座人亟曰：「不然。吾輩先聽汝之言語，實不覺可笑，後來見汝之舉動，實覺可笑。」

或為西人裝，而恨鼻樑之不能如西人之可安眼鏡也，則削材高之，使鏡鉗其上，如西人然。嘗以踏車行市，避電車，適撞於馬車，遽跌，鏡碎，而所安之物亦脫，鼻樑之上紅皺如癬如痂，路人咸鼓掌。噫！為西裝者，服其服可也，冠其冠可也，履其履亦可也，今乃欲鼻其鼻，其不為人笑也幾希。

有北客二人至上海，登酒樓焉。其地菜佳，堂倌亦伶俐，惜語音不通也。客點溜黃菜，良久以醋溜黃芽菜進。客怒，堂倌不審其故，惟聞一客罵曰：「瞎造彈。」堂倌乃亟呼曰：「又要蝦炒蛋一盤。」

近來各處，凡婚喪之事以有西洋鼓吹為體面，上海尤甚。即有預備此種鼓吹，待人雇用者，顧曲調不多，亦不審所宜。今日甲家雇之以送喪，則為之前導而鼓吹之，不知甲家為何如人，音調之合於送喪之用否也。明日乙雇之至歡迎會，則又往坐而鼓吹之，亦不知歡迎者為何人，及音調之合於歡迎之用否也。竊見近來報章，今日詬此，明日譽彼，各報一律，而於應詬應譽與否，純然未知，殆亦此西洋鼓吹之類乎。

去年，有觀於江寧諮議局者，見議一事而議員多從否決。次日，議長重行宣布，先言其應行之理由，於是又多起立贊成者。內有一人昨日明明在否決之中，今日忽又贊成可決。觀者素識其人，乃問曰：「昨日否決時，吾見君起立矣。頃者可決，何君又起立？」此人曰：「吾坐久腰骨殊酸痛，今乘此起立，稍自舒適，非有他也。」

有兩人爭於某茶館，不知何事也，惟聞一人歷聲詬曰：「汝真是涼血動物。」其人徐曰：「我尚是涼血動物，汝真是涼血不動物。」嘻！涼血不動物又是何物？吾乃未之審。

某君在諮議局，力主張裁去營兵，以節糜費。不料此輩頓時失業，遂為盜，到處搶劫，某君家亦被其殃。某君歸，其妻告以被盜狀，且罵曰：「孰天殺的，忽主裁兵，致禍我家。」某君聞此，亟搖首令勿語。其妻怪甚，問之固不言。他日問諸鄰家，乃知即出其夫之謀，大慚不已。

甲乙二人談及時事，甲曰：「現在主張新刑律者，並欲廢棄禮教，真足為世道人心之憂。」乙曰：「無妨也。禮教雖廢，詩教方興。」甲問其故，乙曰：「吾見令之法令章程，其開宗明義，必曰關於某事。關於某事初不解何以必用此二字，既而思之，是殆摹擬關關雎鳩之句法耳。豈非詩教方興乎？」甲曰：「哦！」

近至市場，見有新發明之物絕似手套，陽面皮而陰面以竹篾為之，大小不一，略依指節及掌大小為之，套於手，舒展自若也。問以用，肆人曰：「君不知耶？今開資政院，各省又沒諮議局，又將開國會，而所在議事之會，大小不一，拍掌一事，實為最要。然拍多則手痛，且聲不響，故製此俾入會者用之；且尤有一妙用焉，遇反對者，出不意以此批其頰，勝掌多矣。此物余思久始得之，已請得專利。惟物有兩種：一篾青而背用皮，價貴而效力巨；一篾黃而背用布，價賤而效力薄。」客因譽其有此佳貨，必可發財。肆人曰：「余今尚研究一助人聲音宏亮之器，蓋以此含於口中，則聲音可高於平常數倍數十倍不等。而凡聲之低者、啞者、吃者、格格不吐者之諸病，亦悉可除去。君稍俟之，宣統五年，此物出世矣。」

近來報章，於鼓吹剪辮極有興會。余乃見有剪髮影響二，姑錄如下。一剪髮處：村里理髮店，船板胡同。一剪髮須知：中西理髮店，孝順胡同。其廣告皆謂添延東京上等理髮師多名來京，如不願至店者，並可以電話召其至宅云。余意不久當開理髮學堂矣。

甲乙爭用中西曆，甲曰：「吾以中曆為善。中曆五年再閏，假吾壽古稀，則多二十八月。是用中曆，則吾壽平空增兩年餘四月也。」乙曰：「正以如此，故吾謂西曆善。夫年壽者，空文也；經濟者，實事也。如用西曆，則吾平空得省二十八月之費用，於吾利溥矣。」二人爭累日，終不能決。

鄉人入巨鎮之大食肆，令肆人以食單至，睹其名目，似半曾聞諸人，顧未知何物與己所宜。惟見持肴過己前者，莫不著之插畫，而忽以全力干涉之？有數議員起而指其鼻曰：「為其所言我也。」問民政部、警廳，都中各報，干犯法律，毀蔑人名譽，顛倒是非，蔑視議員，貴部貴廳應據報律糾繩之者多矣！何皆不一問，而於《公論實報》不甚彰著之插畫，忽大干涉之，且即永遠封禁焉，何也？曰：「為所干犯者，赫赫資政院之議員也。」君子曰：「噫！噫！噫！」

甲乙數人，共談政體。甲曰：「政體究以何者為善？」乙曰：「莫如共和立憲。」丙曰：「然！然！我國周厲王時已嘗行之矣。」乙曰：「厲王時雖有共和之名，然其治績如何，今不可知矣。」丙曰：「我尚記有一弭謗之事，以衛巫一言而雷厲風發，令行禁止，使道路以目，可見當時政府虛心採納，尊重民權。即此一事，已足令人敬服其憲政進行之速。」甲、乙大笑曰：「子真糊塗。此事實專制之虐政，而子敬服之，異哉！」丙曰：「二君誤矣。天下豈有真是非？但使強權在手，令出而人不敢不遵，雖行專制之實，誰敢謂其專制哉。二君不聞『侯之門，仁義存』之說乎？」甲、乙聞之，舌撟而不能答。

甲謂乙曰，吾嘗見古本之宋史，載陳東伏闕上書事。中有一條云，金之所以強，我之所以弱者，以金人皆垂髮窄袖，我尚簪髮冠帶耳。請陛下即日抽簪易服，為天下倡，則金兵自退矣。帝不聽，東退，乃與太學生十餘人自散其髮，以明己志。乃高宗南渡，東又上書言之，高宗又不聽。東忿甚，乃令太學生三千人同日抽簪易服。高宗怒，遂殺之。史臣曰：使高宗用東之言，則宋強矣，何至終於偏安哉云云。乙不信，曰陳少陽宋之志士，當時國勢危迫若此，何至以此等不關痛癢之事喋喋入告，且甘冒不韙，以自取罪戾乎。二人方爭辯不已，丙從旁謂乙曰：「君勿爭，孔文舉有言，以今度之，想當然耳。」

有陸軍部中人使縫人為軍衣。縫人曰：「惜君見告遲，都中外國貨均已為軍諮、陸軍數處包購盡，只得用中國貨。」此人作色曰：「吾輩中國人應先用中國貨，奈何汝言之反？」縫人曰：「固然，然中國貨衣褲一襲，較之外人須貴四元，且不數月，呢皆捲如珠。尤有奇者，向外國定貨，何種皆有，必如期到。定中國貨不能事事皆有，且不如期。」其員聞之，喟然而已。

或詫曰：「此次《公論實報》被封，而各報爭者甚少，是何故歟？」有人曰：「是以其出於資政院，而非出於舊衙門也。」又有人曰：「他報館且多院中人為之，則何肯力爭。其猶略致評點者，正聊以應酬《公論實報》耳。」復有一人曰：「異哉！吾輩於高、萬兩議員被各報顛倒黑白事，頗怪其不肯控諸警廳，今乃知幸未控，假控之，不特不能永封，且不能停報七日，而且將大為各報交詬不止。」綜是數說言之，則無權力之報，一有波瀾，即可被封。有權力之報，則必不畏封，且稍出其餘力，並可封他人之報。嗟乎！人生世上，勢之一事，蓋可忽乎哉。

近日都城盛防瘟疫，外人尤甚。某處宴會，中一郵傳部人甚以為憂，曰：「今京奉車或斷或減，於路局人息驟縮，倘再推廣及於他路線，更不了矣。」一外交中人甚喜，曰：「外人避疫不出，一切要求頓然中止，若推廣時日，使吾輩耳根永遠清淨，豈不大妙。」內有三五人蹙眉微語，語細不可聞。或有竊聽之者，蓋謂疫防久不解，德儲不至，則不特吾輩所希望均同空幻，且前者所費何以為償。言畢相對歎息，若不勝憂者。

某村有狐焉，偶思獵食，輒發聲大嗥，或言人舊事，村人懼，輒以雞卵及酒祭之而止。已而有老僧來，卓錫破廟。狐頗惡僧，亦人嗥如前狀，老僧如不聞。狐屢易其法相嚇，而僧猶如故。或勸僧當祭以了之，僧曰：「吾非吝酒卵，蓋欲窮其術以觀其伎倆何如，君輩何汲汲為？」

前有初回國之留學生，偶過其舊同學，其人貴矣。閽人入復出曰：「主人方有重要之事，若無他故，請以異日來。何如？」此人莊其容曰：「吾之來，固有極要之事相白，且關貴主人之生命。」閽人聞言，皇然入，即倉猝出，言主人已在客座相待。既入，主人不及他語，即問何事。曰：「頃聞有將發炸彈者，將以君為目的，故不敢不告。」主人恐甚，已而淒然曰：「吾職非重要，且未嘗開罪於若輩，何致有此？」曰：「吾聞發炸彈者，必以重要人為目的。而尊處之閽者乃動謂君有重要事，實慮惹起炸彈，故不敢不告。」主人聞其語，方審適之飾詞相拒為非理，亟改容謝之。

或中夜出坐於中庭，人問其故，曰：「以適焚避蚊煙，氣既惡劣且中多毒物，余避之，故出坐此也。」其人笑曰：「然則此煙，非特避蚊，亦且避君。」

狐見鼠，揶揄之曰：「汝輩何來此倒運事，自己遭了殃，偶然傳染到人身上，便要遭赤族之禍，竟無術自救，豈不可憐。」鼠曰：「此事真大寃，偶然死了幾個人，便硬派在我們身上，把我們不論有疫無疫一概處死，天下那有此不平事。算來這不叫做人遭鼠疫，真是鼠遭人疫。」

近以防鼠疫之故，警廳下令民間，凡捕鼠送警廳者，與銅元二枚。殺鼠巨萬。或曰：「即使都中並無鼠疫，然假此將都中鼠除盡，俾免損毀器物，盜竊食品，攪擾睡魔，亦大佳也。」有人傳示一詩曰：「殺鼠令雖苛，無如鼠輩多；蒸成疫世界，攏就鼠山河。鼠豈燒能盡，疫非藥可瘥；欲求茲疫淨，寶劍要重磨。」亦甚有意味也。

近日各京官，有深恐衙門被裁，烏布被裁，相聚愁歎。中有一人忽曰：「這些事也不必說了，現在的新法，連親生父母也有原品休致的時候，何況其他。」眾詫曰：「這是怎麼說？」此人曰：「聽見新定民法，有制定親權，過了年限，便是親生父母也不能管教他的兒女了。這不是父母也要原品休致麼？」諸人聞之，咸吐舌道：「厲害！厲害！」此人又曰：「不但如此，在年限內還有喪失親權的時候，就是父母已死，及子女已死。」眾人說道：「只自然了。」此人又曰：「還有一條是濫用親權，也可由親族控官，將其親權廢棄。」眾人又吐舌道：「厲害！厲害！」如此看來，以後父母是做不得了。

前者警廳以防疫之故，下令捕鼠，已而又令捕狗。有人曰：「現在的事愈奇了，連死老虎不敢得罪，卻拿老鼠出氣。出不了，又來打落水狗。」又一人曰：「怪不得漢口洋人打死吳一狗。」眾曰：「你錯了。吳一狗是車夫，是人。」此人曰：「我現在得了一奇病，是分不出是狗是人。」

報載蘇州學界唱戲賑饑，一學生扮刺客，一時不留意，竟將他學生刺死。噫！是亦可謂假戲真做者也。雖然，有假戲真做者，其亦有真戲假做者乎？

二十年前，余至京，謂人曰：「京師之事，可二言蔽之，曰『遊戲做官，認真做戲』。」不料逾二十年，尚如是。甚至做戲者又做官，做官者又做戲也。

或聞鼠疫，大驚縮，不敢出。已而聞即黑死病也，則徜徉若無事。人問其故，曰：「吾聞疫例，本有是病者，則不復傳染。今吾國人皆有黑死病，疫其至歟？」咸詫謂何有此。曰：「吾國人人黑心，人人心死，非黑死病歟？」

舊內閣既裁撤，凡中書等得調至新內閣者不及十之二三，余則靜坐俟之而已。有自書其官銜曰「裁缺內閣中書」。或謂未妥。所謂裁缺者，是已補缺之謂，君未補缺，安得謂之「裁缺內閣中書？」其人笑曰：「如此說來，我們是不裁明主棄，何況是裁了。」

近來報界中人，每舉拿破崙不畏三千枝毛瑟槍，但畏一紙日報之語，以自張其軍。不知拿破崙所指之報紙，必其勢力實有過於三千毛瑟槍者。一言褒貶，則萬國之向背隨之，如此始能使拿破崙生畏。如今之喋喋者，自問能抵三千毛瑟槍歟？恐只能抵竹槓一支而已。

今春以鼠疫事，都城亦設防疫局，祿糈既豐，且有可得優保之說。某君營幹得局中一事，甚自喜。或調之曰：「俗語有寅吃卯糧之語，吾未能對也，今得之矣。」問何對，曰：「亥交子運也。」問何解，曰：「今年為亥年，而君將因鼠發跡，鼠為子之生肖，豈非亥交子運乎？」

有喜觀想九霄演劇者，近想九霄以事被逮，且有永遠監禁之說，其人對同遊者頓足曰：「於今他不叫想九霄了，到是我們在這裡想九霄。」

報有譏江寧樊方伯[1]者，謂其當此時窮勢迫之時，尚好整以暇，集僚友作詩鐘也。或曰：「是有寓意焉，不必譏之也。」問何寓意，曰：「即所謂做一日和尚撞一日鐘。」

近中國之豕肉，大銷行於歐洲。有人大喜曰：「吾向者甚憂人才之乏也，而今乃知豕材之得用。」已而聞哈爾濱俄員警假海參崴所畜華犬捕竊，大有功績。某君又喜曰：「吾向惟知吾國豕材可用也，今而知又有犬材焉。」

禁煙公所中人以在內無事，潛攜麻雀牌入內消遣，為所中服役人報知王大臣，於是各被處分有差。或曰：「昔有打鴨驚鴛，不料今又有用雀抵鴉也。」

---

[1] 樊增祥，字雲門。曾任江蘇布政使。

豆腐為大豆所製，天下之至柔之物，殆無過此。今李君石岑在法國所設之大豆公司，以藥製之，使若象牙，若田黃，造為煙嘴，火燒不壞，擲地亦不碎，乃知同一物也，練之則豆腐可為石，棄之則鐵可以如泥。

或見報載美國人家蓄一犬，竟能學一二人語，大奇之。有人曰：「何奇？亞洲人作狗語的盡多著哩，何怪歐洲狗作人語。」

白蟻能食銀，失銀之家跡蟻煆之，銀復故而蟻則燼矣。世之貪人，奈何燼其身以殉銀哉。

駕騾車之騾，縛轅於騾背，進退前後不能自如，改而駕馬車，則輕快甚矣，奔擲馳突，惟己之意，顧自此不復可駕騾車矣。離範易而守範難，有如是哉。

少年人聞人言殘忍事，楚於心，蹙於鼻，頃之汪然淚矣。又十餘年後，復有語以此等事者，而淡若無聞。或問其故，曰：「是猶手然，反其掌以手撫之，當然癢也，又搔其手背，則不癢矣，又況加以皴瘃哉。」

蚤蚩〔蝨〕皆甘主人之血。顧主人之衣，白緣其上，易為所見，乃聚謀群化為白，以掩主人之目。蜚〔蝱〕曰：不然，吾輩之不能為白，吾輩之性然也。顧不能變吾輩之黑為白，而可變衣之白為黑。咸問其策，曰：「吾輩各竭其力，以種種方法污之，倘力不足，求助於蠅，無難矣。」群以為然。無幾主人之衣黑點如星，蜚〔蝱〕虱等遊其上，幾不能辨。

為人管室者，始至，一僕短，乃職捲簾，一僕長，乃掃地。曰：「是兩敝而功鈍也。」互易之，皆善。

有初遊於妓者，一妓狀端重，甚重之。顧謂其侶曰：「此人乃不似他人輕佻。」妓忽曰：「鴇教吾輩宜悉揣摩客意，客好嬉者，吾輩即與嬉；若不然，則吾輩宜持重待之。」客聞言爽然自失。

甲有所謀，憚乙之先也，謀於丙。丙問乙何嗜，曰嗜古畫。丙雜取真贗十餘件往，閽者言主人有要事不通客，則賂以金，且言余終身噉飯計在是。入之，乙曰：「速擇佳者留，余持去，勿誤余事。」丙乃取最佳者故展示乙，乙不覺觀之。丙因辨其時代，指示其收藏家之圖章。將畢，又續一幅以待。頃之又以贗畫之精者進，遂大煩辯駁。度甲事已及，始匆匆持去，曰不敢誤君事。比出門，乃謂閽者曰：「為我謝主人，我終身啖飯計成矣。」

適市者見一食肆，方無人，適一人過之，乃恣取而食。此人詫曰：「人也，乃未得主人許可而遽食乎？」言之而旁無應者，即曰：「此間肆食被人竊食，而旁人不問，太無公理。」四顧仍無人發一言，即又曰：「此間風俗太怪，似公許人竊食者。」而仍莫之言，乃曰：「然則他人可食，吾何不可食之有？」亦恣取食之。忽四圍人皆拊掌曰：「吾曹聽汝語久，始以汝為義者。今知汝之誚他人攫食，實自為攫食地也。汝亦知彼之不問而即食者，固別有由乎？」其人慚去。

赴餐者見肴饌紛羅，竊計曰：「是皆吾權分中所得食，一人盡之無害也。」恣噉之，大過其量，至腹脹不可動。諸客起，此人立而倒。眾怪問之，曰：「是怪吾計之不精，吾但知案上之食可盡為吾食，而不知吾腹之不能容也。」

或振其東鄰之子，使以微官自活。不數年，有客至，衣冠偉然。問之，則以優保得道員，適引見出京也。駭叩其故，云到省初甚艱窘，後得某上司識拔，差委絡繹，遂捐升知縣。近又得奇材異能之保，得道員也。曰：「他姑勿論，『奇材異能』四字從何得來？」曰：「言之可愧，嘗隨某道員出差，偶感風寒，吾以打火罐之法治之癒，乃大材余。適宴西客，咸不知叉箸所宜，余為一一位置，遂得此奬。」主人聞其語歎息不已。他日過西鄰，則室空矣。叩門，一老僕出曰：「余主人豔東鄰子之富貴，亦覓官去矣。」問何所恃，曰：「彼謂打火罐、安排叉箸，我亦能也。」問資所出，曰：「老產之田，盡賤價售之矣。」主人喟曰：「彼丐而出者富而歸，此資而出者其將丐而歸乎？」

有舟於江者，風波中援得一人，置諸舟。數日風波大作，水中有呼救者，復左右覓，欲救之。前被救者曰：「風大，舟將覆，不如聽之。」主人不應，其人遽曰：「吾知汝性，好多管閒事，必至己亦不保然後已。」主人大怒曰：「然則救汝亦誤！」立提而置諸波濤中。

一人性惰，嘗食於人，顧未嘗問主人所為事，主人亦未命之，鼓腹以嬉者殆數月矣。主人思所以激之，一日令僕勿與飯。初尚可忍，久之饑火上炎，不可復耐。詢僕，僕言主人意。乃走主人所訴饑，主人曰：「汝徒食於我久矣！一日不食庸何傷？」曰：「主人未命，不知所事也。」曰：「今日亦是主人未命耳！且汝不得食，何問我？」曰：「吾館君家不得食，不問主人將誰問？」主人曰：「然則汝平日不得所事，何絕不問我乎？」此人大慚，亟謝過，乃與食。自是改行，以勤著。

或留學歸，一舊友過之，主人望見其以紅紙為名刺，曰腐敗。又聞其尚操鄉音，曰大腐敗。頃之客外入，甫欲揖，忽反身走。主人大怪，呼之不返，則追出詰其故。客曰：「吾之候君，以君不腐敗，欲相師也。乃君於腐敗之本根全未改換，吾無用君，故走去。」主人怒詰其說，客曰：「吾以君出洋數年，必伐毛洗髓，大改面目矣。乃觀君之面猶黃而不白，君之目睛猶黑而不藍，髮則黑而非金黃，何足為我師。」主人始知適間無禮之言已為客聞，亟請罪，曳之復入。

甲乙飲朝貴家，故微時道義交也。昔款今情，繾綣備至。席間偶詢諸食物價，則增於市者幾十之二三，甲乙咸甚怪之。他日二人復相值，甲頗以主人不能盡規朝廷為憾。頃之，逑及食物之獨貴，乙曰：「君時往何不言之，俾勿為若輩所蒙。」甲矍然曰：「是何言？吾輩時往，所為者大，然僕輩見待，亦異他客，豈親我，實畏我多言耳。倘一旦發其覆，伊等怨忌叢生，百端搆間，吾與主人翁自此又隔一重雲霧，所失大矣。」乙曰：「敗矣。君不能盡規於已貴之友，而乃責友不能盡規於絕無關涉之君，豈不怪歟！豈不怪歟！」甲聞言為憮然久之。

兩人皆以招股為發財之目的，一人曰宜招巨股，每股一二百元者，若至四五百元尤佳。一人曰招小股，每股十元、五元可矣，能一二元尤佳。互相詰也。主巨股者曰：「吾招巨股，專從事富貴人，才得數十股，吾囊充矣。伺間席捲走，天涯海角孰吾禁？奚容汝之瑣瑣乎。」主小股者曰：「不然。股巨則人必斟酌，預股者富貴，必見訟累，萬一被弋，悔不可及。孰若招小股，人所失小，則不為意。其人大率下流，則無大力，吾但以小利啖諸騶隸，轉輾誘致，吾資大集矣。吾橐既滿，則登報託故言倒敗，孰能詰余？余猶徜徉社會中，與富貴人交結也。」二人既別，各行所志，果皆如願。

客至，語極慷慨，甚慕古之有節概人，主人之子侄皆為所動。客去，群謂此客大異於常，若使立朝，其汲黯流歟。主人笑曰：「恐未然。」咸詢故，主人曰：「觀人者宜於微，不必彼所標幟觀也。適余問伊所衣呢之價，余短視，誤呼為絨，伊恐有觸於余，不敢呼呢，亦呼為絨。此極小事，而余與彼又無階級可言，彼之小心畏忌已如是，將來敢為批鱗事乎。」眾乃省然悟。

有以急病延醫者，醫至，問何所苦，涕出言曰：「余病殆矣！雖鬼神莫測也。」問其狀，曰：「余臥而患發於背，俯寢則移於胸，左臥則左脅病，右臥則右脅病，莫知何緣也？」醫沉思久之，笑曰：「余意君之病，不在身內而在身外。」亟發其席則距枕數寸有小缽焉。亟擲之窗外，曰：「所謂鬼神不測者，此矣！」

某省總辦鐵路者，不公佈諸眾，而獨日與其私人謀之。或嘲之云：「古語築室道謀，今乃築道室謀矣！」

某京官假寐於室，偶自歎而言曰：「今日世界，誠所謂人少畜生多者矣。」語未既，忽若有答之者曰：「君之語殊誤。今之世所謂人多畜生少，非人少畜生多也。」某四顧無人，方愕眙間，則又聞其語曰：「君不謂然乎？試觀今京中新舊衙門，官日以增，而來者仍未已。而狐皮、羊皮及供食品之豬、雞、鴨均日貴，非人多畜生少之證歟？」頃之又曰：「君誤以人多畜生少為人少畜生多，是亦無怪其然，蓋今之人動以畜生之皮毛為己之皮毛，故君誤以為人少畜生多也。」久之寂然。某君亦起坐，四顧無人，呼之無應者。某君終日怪詫，不能自已。

或曰：「君不見刀乎，磨一回，利一回。」余曰：「殆哉。君不見刀乎，磨一回，薄一回。」

有兩人遊西湖，坐「平湖秋月」之水閣上，盛談平等公道之理，娓娓可聽。旁一襤褸者徙倚其旁，二人初未覺也。忽其人出一金簪，言昨在此拾得，久候無人來此，余窶人不便攜此，欲售去之，得銀元二枚可矣。二人視之，真金也。一人捷取得之曰：「去休。吾汝金。」一人急起曰：「汝得此何用，我方娶妻，此簪乃必須物。」前取者叱曰：「無多語，於例先得者有之。孰遣汝鈍。」其一人即奪之去曰：「我有力即為我有，孰使汝駑弱。」襤褸者鞠躬徐曰：「適聞兩君高論至言，深致佩服，不意倏忽遽至如斯，然以此微物導人於爭，非吾志也。」即就後取之人手中掣取以去，兩人皆大慚。

有笑人瘦者，瘦人曰：「吾安得不瘦，今人以求肥之故，並面皮揭去之，余力求存其皮，而肉銷於中矣。今人皆柔如無骨，我力植其骨，而肉又銷於骨之外矣，至今數十年，僅存皮骨也，宜哉。」

頂凶者臨赴官時，必嚴戒之曰：若翻供，歸即斃汝，尤慘於宮刑。故見官無敢翻供者。

余見處權要，或倦於職務，或忿於人言，或以事之為難，或以子弟不謹，每欲引退，則自妻妾與其私人，必百計尼之，勿使得遂其志。雖未敢有所禁約，然果拂其意而辭官，則其受於家庭之況味者，不知於彼何如。

世未知老妓之處境悲也。年則老矣，而挾多金以嫁人歟，則娶己者利己財者也，財一去不可問矣。且何為忽以多金貢彼歟，以施捨歟，以貽親友歟，則數十年刻剝積聚，而慷慨盡之，何也？抱此以終歟，則徒為眾攫而已。嗚呼，寧非最悲歟！

甲乙兩人者，交如兄弟也。甲終歲勤動，薄有所蓄，乙輒取而用之。甲尤之，乙曰：「諺曰：辛苦銅錢快活用，此至言也。而君才行其半，故吾為君足成之。」

杭人有久客外者，歸遇一故交，則趾高氣揚，非復前之態度矣。問其所為，則法政學員也。且忿然曰：「吾父前者徒知用壓力，否則如破慳囊，使吾出洋，則今以畢業生歸，官大金多，意中事矣。」語訖，不勝忿慨。此人已前知其與父別居，且約親友逼父分與半生所積之二三千元，不成而止。因笑謂之曰：「幸尊翁前此用壓力，汝今不過棄之不顧而已。假如送汝出洋，今日為汝作奴隸，恐尚將受凌踐也。」

有好自矜炫者，一詣人家，乃被凌侮，致受拳焉。歸即呼家人曰：「速以解醒湯來，余醉矣。」家人詫曰：「何今日行之前卻也。」曰：「醉故也。」而乃有傷痕，曰：「醉而踣於地也。」衣破矣，曰：「跌而掛於枝也。」家人曰：「異矣！掛於枝者宜破襟袖間，今乃破胸際近領處，乃似為人所碎者，何歟？」某大慚，佯醉睡去。噫！近來外侮交迫，當軸者秘不使人知，何以異此。

有行海岸者，被風吹，口鼻悉偏向左，詣醫。醫問行所向？曰：「吾由西而東也。」醫曰：「然則不必藥，但由東而西可矣。」問故，醫曰：「復有風至，豈不吹之正乎。」

凡國之興，皆有豪傑奮然而起，求達其志，雖死不悔，今吾國之以豪傑自命者，乃必探知其不死，始敢奮然為之，何歟？

或見政府，言彗星見矣，其垂象甚儆，曰：「足見天道如此，非人力能為。」俄一新進者至，姑以語之，亟曰：「此軌道之常，與人事絕不相涉。」他日，或又入見，即謂之曰：「原來只是天象之常，無預人事，汝不必過慮也。」

某公驟貴，廣置姬妾，且與人賭麻雀牌，必千元一底。或曰：「茲所謂內作色荒，外作禽荒。」

近日懲於前此之泄遝，凡百新政，一時興辦，顧籌之未熟，多有虎頭蛇尾者。或曰：「何嘗是百廢俱舉，直是百舉俱廢。」

日人占粵東沙島，粵之官吏數年始覺之，再三交涉，始得返。因復從事於西沙島，或曰：「是殆所謂失之東隅，收之桑榆者矣。」惜乎！若南若北，未一問也。

或曰：「上海製造局之購辦機料也，其取九五扣三焉。情其事隱，莫能知也。」余謂：「社會無能力耳，若有能力，以精密之人訪之，無幾時若輩無立足地矣。」其人笑曰：「如是，恐須添一份九五扣。」

或曰：「吾國人今皆升一級矣。」聞者怪詰之。曰：「君不見京中部曹官均稱大人，學生均稱學員，甚至戲園中之戲子亦稱藝員乎！」

今之芸芸者，姑呼曰：「人耳！人耳！實則萬物具焉，且遞嬗焉。太上蓋有麟鳳焉者，其次有若鶴鹿焉者，有若虎豹焉者，有若狐鼠焉者。今則狐鼠且不可得，而皤然於吾前者，蓋蚊蚤蜚〔蜰〕虱也。嗟嗟！吾輩乃與蚊蚤蜚〔蜰〕虱同處斯世哉。

兩人晤對之言，又極無關涉，僮僕輩決不能記以告人，本人更無從告人。乃近來報中時有登載，一似親見之親聞之者，亦可怪矣。或有指以問主筆者曰：「子非魚，安知魚之樂？」某主筆即時曰：「子非我，安知我不知魚之樂？」

責食之美，而未知烹調之術；責衣之美，而不知織染之法；責居屋之宏敞，而不知構造之術，是足愧矣。或曰：「是皆細人之事也，為大人者固有大於此者。」雖然，所謂大者孰克有之歟？他人吾勿知，吾則無有。

有西人見中國兵隊云：「中國之兵孱極矣，忽勁敵來何以禦之？」又遇匪曰：「中國匪脆甚，不值一剿。」或難之曰：「若是，何匪久未平，兵亦如故。」西人思良久得之，曰：「以至孱之兵剿至脆之匪，亦猶兩強相遇，工力悉敵也。」

一疆臣新蒞任，頗著風力。有紳士入見，疆臣遂謂曰：「用人無佳者，奈何？」紳曰：「此易耳！不收條子，佳者亦來矣。」或咎紳曰：「君以代人遞條子過活者，如此豈非自窒其途？」紳即伸其舌曰：「不妨，尚有一條。」

前有一報，不知何故，頗有嫌於錫清帥，於其赴東三省任也，即大書其過而揭之曰：「錫清帥之現形一。」或笑之曰：「事之實否，吾不知，若題中之『一』字，則極可怪。」或問故，曰：「『一』者，其下有二三之謂也。彼果知錫之必有續出之過端，而書『一』字以為之行第歟？且報紙載吾國人之過舉也，為其害於事，不得已而著之，非樂其有是而書之也。今若是，是樂有是而期之矣，吾不知報之品宜如是否也。」

或呼人為某公，其人泫然曰：「吾願君自今勿呼我為公矣。」或矍然曰：「豈以未足為敬歟？」曰：「不然，今人最不願公，今呼我公，孰願我哉。」

近來大商家或買辦，率捐府道或府道職銜，以便與官場往來，亦有直自作官者。又官場失意，或改為商，亦有因多金而作商者。或改《論語》曰：「是之謂仕而優則商，商而優則仕。」又一人曰：「以我觀之，直是仕而優則優，優而優則仕。」

今猶謂官為子孫作馬牛者，誤也，今直是使子孫為馬牛耳。蓋有三說：處此時勢，不知刻苦，各效尺寸，反嬉酣自適，則子孫將受諸慘禍，此大局之說也。婪取無度，用費亦無度，或反虧空，貽憂子孫，此家計之說也。享用太過，子孫將受貧薄之報，俗所謂享盡子孫福也，是因果之說也。不知彼居高位者，以為何如？

某君就余論鬼神，余力言其無，某言其家嘗降神。某乃取筆以己意書之，未覺有鬼也。余曰：「然則無鬼之說，君固實驗矣。」某曰：「不然，他日命不識字者為之，亦運筆如飛也。」余抵掌曰：「余今乃知之矣。鬼之為物，不云有，亦不云無。一班文人死後散布空中，無聊已甚，偶遇扶乩降神之事，彼即視為生活所在，群趨為之。若仙若佛任彼自題，不意遇君鶻突人，忽自為之。彼等失此機會，正相懊悵，幸他人續為，得仍舊法也。」某君大笑。

一人忽欲出山求官，友止之，則曰：「為子孫作馬牛，不得不如是。三年必歸矣。」既三年，友以函抵之曰：「三年已滿，馬牛之功已償，盍歸歟？」復書曰：「為子孫作馬牛之願雖償，惟須再展三年，要為曾元作豬狗。」

汪建齋云，其先人芍卿先生署中，有書記焉，好為詩，嘗詠水仙花曰：「根鎔寶錠三斤白，心鑄精金一點黃。」二語奇奧，然他尚可解，至「三斤」二字，則百思莫審。叩之，曰是寶錠之分兩也。元寶每錠非五十兩乎？三斤則四十八兩，與五十兩相去無幾矣。

又言鄂人王姓，為吳橋同知，亦刻詩集。有〈食老蚌有感〉詩曰：「一煮老蚌硬如鐵，再煮老蚌皮豁裂，僕人惜力益惜薪，老夫自煮始得食。」余詩大率如此。

諸遲菊先生，吾杭先進也，政治文學而外，書畫亦壓流輩。顧每由外歸，則綷夫孺子輒以扇請求，先生甚厭苦。一日，戚某亦以是請，先生曰：「吾稍暇，即當一灑，然幸勿以扇來。往吾得人扇輒投之箱中，不復能記憶，不如無此扇，憶得時當揮翰也。」戚謝而去。或聞其語，叩先生以投箱中之說。先生笑曰：「此吾譏其一相情願耳！箱者，相也。」戚聞之，延盼之心頓止。

江蘇人童君晏以知縣候補於浙，甚不得志。工畫菊，乃以畫自給。潤例，每花銀幣半元，是真所謂餐秋菊之落英矣。有丐其繪菊一朵，不送潤資，既得則甚喜。時適初秋，即攜以出遊，有知其不與潤者，詳觀其畫曰：「君為彼罵矣。」問何從知之，曰：「君不見菊之外復有梅竹乎？然梅花皆復開而竹乃在下，是笑汝為下作倒楣耳。」某慚，乃藏之。

閩人或為句曰：三鳥害人鴉雀鴇。鴉為鴉片煙，雀謂麻雀牌，鴇則指妓也。自謂無可屬對。王可莊[1]太守戲指之，對曰：「四靈除爾鳳龍麟。」聞者絕倒。

---

1 王仁堪，字可莊。

常州商人金某，家小康，性情傲慢，見寒素之人與為禮，輒不答，甚至人與點首，彼睨視乃若未見。然其為人險詐，又迥出常輩，以故人皆銜之。少時與人涉訟，曾為蘇臬司掌傾一百。晚年因無子，負一乞人子作螟蛉，會六十生辰，亦張宴觴客。邑子趙某素健訟，欲弄之，乘其賀客滿座時，遽以贈聯入，聯語云：「掌嘴喝烏台，霎時臉泛桃花，從此遂成強項令；居心同域（蜮）射，他日身埋楠木，可憐沒有捧頭人。」客見者咸為胡盧。

季仙九探花復試、殿試、朝考皆第三，一時以為佳話。傳至杭，杭之勝流言於眾曰，今有聯語，頗難其對。其出聯曰：「復試第三，殿試第三，朝考第三，三三見九，季仙九九轉成丹。」時吾杭先輩許子雙先生，為周生先生之子方營錢肆，時亦在座中。即有人指之而言曰：「此何難。即對以寶銀幾兩，紋銀幾兩，圓絲幾兩，兩兩成雙，許子雙雙全如意。顧不佳歟？」眾大笑，許甚恨之。

海鹽吳鐵士以「腰圓腳盆」對「頭品頂戴」，余以「胥甲趙穿」（出《左傳・宣〔文〕公〔十〕二年》）對「張冠李戴」。今以「燕伐燕（燕仍作去聲）對謂之「牛戴牛」（見《考工記》）。又有人以「黃鼠狼」對「赤兔馬」，「牛舌頭領衣」對「狗牙齒手帕」，「連底倒翻」對「和盤托出」，「白手成家」對「黑心倒灶」，並見生別。

杭俗凡新開一南貨店，必大減價三日。與相近之同行各店生意幾為所奪。於是亦於其時新門閭，擇日懸燈彩，雇堂名彈唱三日，祀財神，如新開店者，名曰老店新開。又庚子以後，北京、天津燕遊之地，規則大異於前。南班之妓，客少憩必給銀幣二枚，三至則須更給。又必飲博累次，乃許為入幕賓。北則茶座一次，銀幣一枚足矣，兩三次即留客，亦只五元可矣。遊客喜其廉而爽快，競趨之。南班羨之，乃以南班而用北班之規則，名曰「南班北做」。以之對「老店新開」，事適相稱也。

前數年有作嘲京僚詩者曰：「六街如砥電燈紅，徹夜輪蹄西復東，天樂看完看慶樂，惠豐吃罷吃同豐。頭銜強半郎員主，談助無非白髮中，除卻早衙簽配字，閒來只是逛胡同。」噫！好夢不常，恐不久將醒也。

又有人以沁園春調，詠上海遊客，亦甚刻酷。「何處開心？抽鴉片煙，叉麻雀牌。看青蓮閣上，一燈對吃；小花園裡，連副三臺。雙馬車來，一家春去，叫倌人悄說衷懷。更傳呼，廣東雞釀，法國牛排。相攜馬路徘徊，不到天明不肯回。怕槍花掉破，先生白眼；衣衫當盡，大少坍臺。一溜煙跑，秋風遍打，萬把銀捐個道臺。不多時，花翎搖擺，到省當差。」[1]

[1] 此詞有脫字。

血歷史149　PC0776

新銳文創
INDEPENDENT & UNIQUE

晚清名報人汪康年回憶錄：
《汪穰卿筆記選》

原　　著　汪康年
主　　編　蔡登山
責任編輯　鄭夏華
圖文排版　林宛榆
封面設計　楊廣榕

出版策劃　新銳文創
發 行 人　宋政坤
法律顧問　毛國樑　律師
製作發行　秀威資訊科技股份有限公司
114 台北市內湖區瑞光路76巷65號1樓
電話：+886-2-2796-3638　傳真：+886-2-2796-1377
服務信箱：service@showwe.com.tw
http://www.showwe.com.tw
郵政劃撥　19563868　戶名：秀威資訊科技股份有限公司
展售門市　國家書店【松江門市】
104 台北市中山區松江路209號1樓
電話：+886-2-2518-0207　傳真：+886-2-2518-0778
網路訂購　秀威網路書店：https://store.showwe.tw
國家網路書店：https://www.govbooks.com.tw

出版日期　2019年7月　BOD一版
定　　價　320元

Printed in Taiwan

國家圖書館出版品預行編目

晚清名報人汪康年回憶錄：《汪穰卿筆記選》／
汪康年原著；蔡登山主編. -- 一版. -- 臺北市：
新鋭文創, 2019.07
面；　公分. -- (血歷史；149)
BOD版
ISBN 978-957-8924-56-7(平裝)

1.(清)汪康年 2.回憶錄

782.879　　108009232

讀者回函卡

感謝您購買本書，為提升服務品質，請填妥以下資料，將讀者回函卡直接寄回或傳真本公司，收到您的寶貴意見後，我們會收藏記錄及檢討，謝謝！

如您需要了解本公司最新出版書目、購書優惠或企劃活動，歡迎您上網查詢或下載相關資料：http:// www.showwe.com.tw

您購買的書名：______________________________

出生日期：________年________月________日

學歷：□高中（含）以下　□大專　□研究所（含）以上

職業：□製造業　□金融業　□資訊業　□軍警　□傳播業　□自由業

□服務業　□公務員　□教職　□學生　□家管　□其它_____

購書地點：□網路書店　□實體書店　□書展　□郵購　□贈閱　□其他

您從何得知本書的消息？

□網路書店　□實體書店　□網路搜尋　□電子報　□書訊　□雜誌

□傳播媒體　□親友推薦　□網站推薦　□部落格　□其他__________

您對本書的評價：（請填代號　1.非常滿意　2.滿意　3.尚可　4.再改進）

封面設計____　版面編排____　內容____　文／譯筆____　價格____

讀完書後您覺得：

□很有收穫　□有收穫　□收穫不多　□沒收穫

對我們的建議：______________________________

____

____

____

請貼
郵票

11466
台北市內湖區瑞光路 76 巷 65 號 1 樓

秀威資訊科技股份有限公司 收

BOD 數位出版事業部

....

（請沿線對折寄回，謝謝！）

姓　　名：＿＿＿＿＿＿＿＿＿＿　年齡：＿＿＿＿　性別：□女　□男

郵遞區號：□□□□□

地　　址：＿＿＿＿＿＿＿＿＿＿＿＿＿＿＿＿＿＿＿＿＿＿＿＿

聯絡電話：（日）＿＿＿＿＿＿＿＿＿＿（夜）＿＿＿＿＿＿＿＿＿＿

E-mail：＿＿＿＿＿＿＿＿＿＿＿＿＿＿＿＿＿＿＿＿＿＿＿＿